J'aime pas lire !

Des mêmes auteurs

CHRISTINE HENNIQUEAU :
L'enfant qui voulait penser, Fabert, 2005.

CHRISTINE HENNIQUEAU ET DOMINIQUE THOUIN :
Savoir accompagner le travail scolaire. Le manuel du passeur de mots, primaire, Fabert, 2007.
Savoir accompagner le travail scolaire. Le manuel du passeur de mots, collège, Fabert, 2008.
Savoir accompagner le travail scolaire. Le manuel du passeur de mots, lycée, Fabert, 2009.

Christine Henniqueau
Dominique Thouin

J'aime pas lire !

La méthode pour accompagner les enfants fâchés avec les mots

Flammarion

ISBN : 978-2-0813-1276-0

SOMMAIRE

Deuxième partie
POURQUOI ÉDUQUER À LA MAÎTRISE DES MOTS : LES PRINCIPES FONDATEURS

Troisième partie
COMMENT ÊTRE UN ÉDUCATEUR LINGUISTIQUE : PARENTS, À VOUS DE JOUER !

Quatrième partie
UNE PÉDAGOGIE DE LA PERSONNE

AVANT-PROPOS

Nous sommes psychopédagogues : depuis vingt-cinq ans, nous accompagnons des enfants, des adolescents et de jeunes adultes confrontés à des difficultés d'apprentissage, et dès lors souvent en conflit avec eux-mêmes. Par sensibilité autant que par conviction, nous avons développé un outil privilégié dans notre travail de médiation : l'éducation à la maîtrise des mots. D'année en année, ce choix s'est affirmé comme la clef essentielle des transformations attendues par les jeunes et par leurs parents. Nous sommes ainsi engagées aux côtés de tous ceux qui font de la défense du langage un combat prioritaire.

Entièrement nourri des séances de travail menées dans nos cabinets, ce livre est traversé par un constat : au-delà des histoires particulières, c'est toujours un même besoin de réparation des effets ravageurs du « mal de mots » qui s'exprime chez ceux qui viennent nous consulter.

Notre ambition, dans cet ouvrage, est également d'apporter une réponse à l'appel récurrent que nous lancent les parents. À l'occasion de nos conférences ou des rencontres avec les familles, la demande se répète, de plus en plus désolée : « Aidez-nous à les aider ! » Difficile de ne pas entendre alors : « Aidez-nous à devenir *nous aussi* acteurs des transformations de notre enfant. »

Nous avons donc conçu cet ouvrage comme un guide qui donne aux parents les moyens de tenir ce rôle légitime (qui dépasse la seule aide aux devoirs) et d'appuyer leur action sur une analyse sans concession des enjeux tant humains que sociétaux impliqués dans la maîtrise du langage. En somme, pourquoi et comment être vous aussi un éducateur linguistique pour votre enfant : tel est l'objet de ce livre.

Christine HENNIQUEAU
Dominique THOUIN

INTRODUCTION

> « L'incorrection du langage n'est pas seulement une faute contre le langage même : elle fait encore du mal aux âmes. »
>
> Platon, *Phédon*

On peut toujours se dire que « ça » va lui passer… Qu'en grandissant, l'enfant lâchera ce langage indigent, ces mots passe-partout, ou ces termes grossiers qui vous torturent l'oreille et l'esprit ; qu'un jour, par un déclic inopiné, il découvrira de lui-même les charmes du dictionnaire ou que le soir, vous croyant endormis, il remplira un carnet secret de mots nouveaux, élégants, et de citations qui lui parlent. Qu'il vous suffit d'être patients : un jour, la conscience des valeurs de la lecture, du langage pourvoyeur de sens et de l'écriture maîtrisée illuminera sa vie !

N'empêche… le temps passe vite. Déjà – et l'école est un tribunal redoutable pour cette faute impardonnable qu'est la privation du pouvoir des mots – vous le voyez prendre un retard dangereux : cette conscience, dont dépend son avenir, et pas seulement scolaire, tarde à s'éveiller…

S'éveillera-t-elle ? Quand ? Comment ?

Vous voilà d'emblée mis au cœur même d'une question grave : celle du sens. Et sensibles à tout ce qui se dit sur un phénomène dont vous découvrez alors, avec stupeur, l'ampleur et les avancées irréversibles. D'abord aux réunions organisées par l'école de votre enfant, vous partagez avec tant d'autres parents le sentiment détestable d'être sur le banc des accusés : on vous dresse un état des lieux catastrophique, émanant d'enseignants inquiets ou agacés de la dégradation grandissante des compétences liées au langage de leurs élèves. On en appelle à votre responsabilité ; on vous somme de pallier au plus vite une déficience qui mène au désastre. Devant l'école aussi : les trottoirs se transforment en confessionnaux. Les langues se délient ; la mine penaude, renonçant à leur amour-propre ou à la crainte de paraître crispés sur des principes vieux jeu, mais encouragés par votre empathie – et pour cause –, des parents avouent : non, il ne lit pas, c'est une lutte de tous les jours ; impossible de la faire écrire, et quand elle le fait, c'est du charabia ! Il n'arrive pas à restituer ce qu'on a pourtant travaillé : deux heures dimanche dernier sur la Révolution française, et voilà le résultat… Son vocabulaire ? Une misère ! Minimaliste. Exotique. Toute suggestion est inutile : il paraît qu'on ne « parle plus comme ça aujourd'hui ».

Le spectre de l'échec scolaire se profile, menaçant.

Certes, votre enfant est bien de *son* monde. Régulièrement vous vous efforcez de vous le rappeler : votre enfant n'est pas vous-même. Son monde n'est déjà plus le vôtre. Ne serait-ce donc pas à vous de changer et de renoncer à perpétuer le modèle auquel vous croyez : un modèle qui valorise le bon usage des mots, et prône l'édification de la personne par l'exercice d'une pensée claire et rigoureuse ? Ne vous affolez-vous pas trop et trop vite ? Ne faites-vous pas preuve d'un manque de confiance manifeste en votre progéniture, mais aussi envers le dynamisme créatif du monde, fait de soubresauts et de ruptures ? Ne faut-il pas laisser faire et se laisser séduire par les propos optimistes des partisans du changement, inéluctable loi de l'Histoire ?

Désorientés, vous avez besoin de réponses. Et les médias, qui pratiquent si volontiers la technique du matraquage, vous en déversent en abondance, pêle-mêle, brutales, parfois contradictoires. En septembre, temps de rentrée scolaire oblige, c'est une pluie de chiffres, alarmants. N'en citons ici qu'un seul, parmi les plus marquants, sur lequel tout le monde s'accorde : 15 % d'enfants manifestent à l'entrée au collège de graves difficultés de lecture et d'écriture… Les difficultés « graves », qui vont jusqu'à l'illettrisme, sont suffisamment visibles et bruyantes pour susciter des actions spécifiques. C'est alors le temps des débats tumultueux où s'opposent les thuriféraires de la tradition, puisant leur éloquence enflammée dans leur désespoir d'une mort annoncée, et les prophètes enthousiastes – ou fatalistes – de temps nouveaux, auxquels il vaut mieux se préparer que résister. En librairie s'affiche une abondante littérature où se côtoient les spécialistes autorisés et les sans-grades, acteurs anonymes tenaces des terrains où se joue la bataille pour le langage, au quotidien.

Vous écoutez tout cela.

Vous découvrez l'existence d'une jeune population aux prises avec les conséquences ruineuses d'une maîtrise défaillante de la langue, banale, quasiment entrée dans les mœurs : elle ne possède pas l'outil d'apprentissage, de réflexion et de communication avec les autres. Une population, pourtant, sans handicap neuro-sensoriel, sans trouble psycho-affectif ni anomalie spécifique de l'apprentissage du langage écrit qui pourraient être identifiés comme l'origine des difficultés, et qui passe ainsi à travers les mailles du filet scolaire, au prétexte qu'il y a « tellement pire »... puis se retrouve dans l'enseignement supérieur, au grand étonnement, voire à l'effroi de ses enseignants. Une majorité de jeunes n'est pas à l'aise avec sa langue maternelle et présente des difficultés à la comprendre et à la manier. Il existe donc bien une autre catégorie d'enfants, à qui l'on n'a pas diagnostiqué de « difficultés ou troubles spécifiques des apprentissages », mais qui *déjà* posent problème.

Ce sont eux qui font dire aux enseignants de lettres que l'enseignement du français est en pleine déroute, qu'ils renoncent peu à peu à leurs attentes, celle notamment de s'adresser à un jeune public capable de lire des textes de référence et de développer sa pensée. Ce sont eux qui font dire à *tous* les enseignants que de plus en plus d'élèves, tous âges confondus, ne possèdent pas les compétences langagières nécessaires pour comprendre correctement les documents, les énoncés mathématiques, les consignes de travail, et pour s'exprimer clairement dans la restitution des savoirs. C'est cette communauté d'enfants qui nous occupe ici : elle mérite une attention particulière et soutenue.

Vous y reconnaissez votre enfant : victime ou « otage » désarmé, en manque de mots ? Vous le voyez touché par les effets d'un constat plus général, à savoir que le langage, comme support de la pensée, est menacé ? C'est le moment d'écouter votre intuition.

S'il importe de rester l'esprit ouvert à ce qui se fait en dehors de vous, sans et malgré vous, il est également crucial d'écouter ce sentiment qui persiste et revendique sa légitimité : le manque de mots est bien un manque. Et comme tout manque, il implique des pertes, des souffrances à imaginer et à comprendre.

Ainsi, et quel que soit son âge, si votre enfant ne lit pas, s'il fait tout pour éviter le travail des mots, ne parvient pas à apprendre ses leçons, à comprendre un texte, à se faire comprendre de son entourage, à gagner un lexique plus expressif, à rédiger sa pensée pour se relier à un autre, vous vous inquiétez. Vous avez raison. S'il se montre indifférent à la force évocatrice d'un mot, aux subtiles vibrations de sens d'un synonyme à l'autre, ou simplement à la valeur du mot juste ; si, pour aller plus loin, il ne se réjouit pas des jeux sonores qui font chanter les mots, déclenchent l'imaginaire, alors, vous vous désolez pour lui : vous sentez bien qu'il est privé de « quelque chose » qui donne une saveur très particulière à la vie. Vous avez raison.

Vous refusez de rester un spectateur impuissant face au danger qu'il court.

Vous cherchez des réflexions, des conseils, des pratiques : une abondante littérature cible votre attente, prétendant parfois apaiser votre culpabilité. Car, soucieux d'accompagner votre enfant sur le chemin de sa construction, vous n'échappez sans doute pas à ces interrogations : que n'ai-je pas fait ? que ne sais-je pas faire ? pourquoi m'est-il si difficile, voire impossible, de l'intéresser aux mots, de le rendre conscient de la nécessité d'un langage parlé et écrit correct et pertinent ? Sans même parler des plaisirs que procure le travail des mots…

Vous ne souhaitez qu'une chose : être un bon éducateur, veiller à ce que votre enfant avance plus sûrement, le mieux armé possible, sur son chemin de vie. Cette éducation au langage, c'est aussi votre affaire. Vous savez bien que si dans la majorité des cas les enfants ont les ressources pour s'en sortir seuls, ils s'en sortent mieux quand leur entourage immédiat, notamment leurs parents, apprend à mieux les accompagner. Mais les moyens dont vous disposez vous découragent bien souvent autant qu'ils découragent votre enfant, et le verdict tombe vite de sa bouche : « Tu ne *sais* pas m'aider ! » Il n'a peut-être pas tout à fait tort… Alors comment le *savoir* ? Comment lui transmettre vos convictions, l'amener à voir en vous non plus celui qui le contraint, le soumet au « supplice » *(sic !)* d'un travail rigoureux, exigeant, mais quelqu'un qui l'aime au point de vouloir lui éviter le risque de se trouver coupé du monde auquel il est destiné, faute des mots qui relient à tout ce qui peut le faire grandir ?

Vos paroles, vos inquiétudes, vos attentes ont stimulé et nourri l'écriture de ce livre, dont le propos est triple : nous voulons d'abord que sa lecture vous conforte dans votre intuition, vous confirme que, oui, quelque chose d'essentiel est manqué quand manquent la maîtrise du langage et la connaissance intime de ses valeurs et de ses pratiques.

Nous voulons aussi vous donner les moyens de pallier ce manque. Vous retrouverez dans ces pages des situations de votre vie quotidienne, et vous verrez que toute occasion est opportune, pourvu qu'on sache la saisir, pour relier l'enfant à sa langue et pour qu'il fasse du langage un objet familier et aimable. La pédagogie de la maîtrise du langage est au cœur de notre travail d'accompagnement. Nos principes et nos pratiques peuvent devenir les vôtres.

Mais au-delà des pratiques, nous voulons enfin, dans ce livre, vous transmettre notre réflexion sur ce que *font* les mots : ce qu'ils font de l'individu, en quoi ils participent à la construction de la personne, et ce qu'ils font du monde que nous pensons et bâtissons. Agir en sachant *pourquoi*, *au nom de quoi* une action est bonne, c'est augmenter les chances d'efficacité, et augmenter la force et la volonté de celui qui s'y engage.

Vous serez ainsi invités, en tant que parents, à renforcer votre rôle de « médiateur linguistique », au-delà de ce que vous faites sans doute déjà. Peut-être même vous faudra-t-il lâcher de mauvaises habitudes, toucher au contraire à ce que vous croyez ne pas ou ne plus pouvoir faire, vous impliquer dans ce qu'on vous dit parfois ne pas avoir à faire. Car si d'autres, en effet, ont la charge de transmettre à votre enfant le langage – sa grammaire, ses usages, son pouvoir poétique –, vous conservez en la matière une place unique. Vous devez être son « montreur de signes » privilégié !

Première partie

UNE ÉPOQUE EN MAL DE MOTS

1

Des vents contraires

La remise en cause du sens produit par le langage n'est pas nouvelle : on l'observe dès l'Antiquité.

Mais jusqu'à l'époque contemporaine dominait encore une conception du langage comme étant au service de la grandeur de l'homme, comme instrument d'appropriation et de transmission d'un savoir qui lui conférait la maîtrise du réel.

Depuis quelques décennies, cette confiance et cette primauté accordées aux mots semblent s'être étiolées. À l'issue des deux guerres mondiales s'est ouverte une ère de soupçon : les possibilités mêmes d'existence du sens étaient mises en cause, ainsi que l'efficacité de son outil premier – le langage – mais aussi des pratiques traditionnelles d'éducation et de transmission des connaissances. À présent, un autre monde se met en place. L'image envahit les moindres recoins de nos vies, et l'univers nivelé et sans repères de l'Internet, inépuisable pourvoyeur d'informations tous azimuts, poursuit irréversiblement ses fulgurantes avancées. De partout, on entend déplorer la fin du sens : le sentiment d'un « n'importe quoi », balayant ce qui était jusqu'alors convenu, et convenable, se répand et nous déstabilise. La machine s'emballe, sans que l'on sache jusqu'à quelles ruptures, jusqu'à quels renoncements elle nous mènera.

Les faiblesses du langage, légitimement dénoncées parfois, servent désormais des intentions peu scrupuleuses. Le combat est devenu inégal. Proie facile de toutes les tentatives de persuasion et de manipulation, la jeune génération devient la victime désignée de discours publicitaires ou propagandistes qui n'ont aucun intérêt à lui offrir du sens, voire qui lui démontrent que la question du sens… n'a pas de sens.

Une certitude s'est ancrée dans les esprits, dans le cadre familial et scolaire : les vents qui soufflent aujourd'hui sont contraires au souci du travail du sens, à l'effort nécessaire qu'il requiert. Identifions les attaques qui le visent. Notre action de défense n'en sera que plus efficace.

Critique du langage n° 1 : le pouvoir manipulateur des mots

L'ambivalence est une propriété du langage. Les mots se prêtent aussi bien au vrai qu'au faux, selon l'intention de qui les prononce. Ils peuvent servir à se faire comprendre, à convaincre, à émouvoir, mais aussi à mentir ou à manipuler.

Si l'expression « les mots ne veulent plus rien dire » est devenue un tel leitmotiv, c'est que notre société semble dominée par ceux qui précisément n'ont pas le souci du vrai, ou, pire, qui cherchent à falsifier la réalité pour mieux servir leurs intérêts. Les discours promotionnels de tous ordres, démultipliés par la répétition médiatique, qui nous envahissent quotidiennement posent la question de la tromperie, du mensonge, de l'illusion dont les mots peuvent être les instruments. Si encore ce constat menait à la même leçon que le *Pinocchio* de Carlo Collodi (c'est en comprenant les bénéfices d'un langage vrai que le petit héros de bois devient humain), la conclusion serait heureuse. Mais en réalité, cela contribue plutôt à démonétiser le langage. Si les mots ont le pouvoir de faire paraître le faux pour le vrai, comment s'en remettre à eux ? De quoi peut-on être assuré quand un autre nous parle, ou quand nous lisons un livre ou un article de journal ? De rien.

Le langage peut être l'instrument du meilleur comme du pire. Or la conjonction moderne de la société de consommation et de la multiplication des moyens de communication a facilité de façon inédite le détournement du sens à des fins mercantiles. En 1935, déjà, l'écrivain Paul Valéry s'inquiétait : « L'épithète est dépréciée. L'inflation de la publicité a fait tomber à rien la puissance des adjectifs les plus forts. La louange et même l'injure sont dans la détresse ; on doit se fatiguer à chercher de quoi glorifier ou insulter les gens [1] ! » Or, à cet appauvrissement s'ajoute souvent une perversion du sens des mots.

Reconnaissons-le cependant : les jeux de langage publicitaires sont souvent bien trouvés, inventifs. Et c'est sans aucun doute aussi prendre en compte l'infinie richesse des mots que d'y être sensible ! Mais, revers de la médaille : ils contribuent à déprécier le langage en tant qu'instrument fragile et précieux de construction du sens. Les effets de cette surenchère sont destructeurs sur celui qui ne sait pas prendre le recul critique nécessaire pour démasquer le mensonge ou l'exagération ; mais aussi sur celui qui va mettre en doute tout énoncé, sous prétexte qu'il est peut-être lui aussi manipulateur. La méfiance radicale envers le langage n'est pas sans danger : quand on taxe les hommes politiques d'être « tous menteurs », on jette le bébé avec l'eau du bain.

Ne pointer du langage que sa nature ambivalente conduit à le disqualifier. L'attitude est séduisante puisqu'elle est censée nous protéger de l'erreur, de l'illusion, de l'abus de pouvoir ; puisque qui pointe ces manquements apparaît sage et lucide : se parler et se comprendre ne serait qu'un leurre, une vaine tentative d'échapper à une solitude désespérante. Le doute quant à la possibilité même du sens se retrouve dans les classes, où les enseignants en lettres ont le plus grand mal à faire admettre à leurs élèves les significations réelles d'un texte, et davantage encore les parents audacieux prétendant les révéler à leur adolescent sceptique : « Qu'est-ce qu'ils en savent ? On peut aussi bien comprendre autrement ! » La réceptivité au sens « vrai » est compromise. Et par là, l'intérêt de tout travail sur les mots.

QUE FAIRE ? *Ne pas céder à une attitude cynique qui entérinerait la perte de valeur du langage, ou son incapacité à dire le vrai. C'est au contraire en maîtrisant le langage qu'on déjouera ses effets potentiellement pervers. Plus on apprend à connaître la nature ambivalente des mots, à s'interroger sur la justesse de leurs significations, à tenir compte du contexte dans lequel ils sont employés, à les confronter avec d'autres mots, à apprécier leurs nuances, et plus on échappe à leur pouvoir manipulateur. En classe, l'examen de discours totalitaires, par exemple, est une occasion parmi d'autres de montrer aux adolescents comment préserver leur liberté de jugement grâce à la connaissance pointue des mots et à l'analyse linguistique.*

Critique du langage n° 2 : l'incapacité à rendre compte du réel

Seconde critique portée contre le langage : il est impuissant à parler avec justesse de ce qu'il prétend traduire, ou même pire, il le dénature. Nos mots ne rendent pas compte de ce qui est et demeure non dit, hors de tout énoncé possible. La critique moderne, sous l'influence de la pensée de Nietzsche, montre que le langage transforme la réalité, la falsifie pour mieux la soumettre à notre exploitation et nous faire croire à ce que nous inventons afin que la vie soit supportable. Nous serions dans l'erreur, parce que nous nous fions encore à « la raison dans le langage, cette vieille femme trompeuse » et que nous persévérons à « croire à la grammaire ».

Il en va de même pour saisir ce que nous sommes, notre réalité intérieure. Préférons donc – c'est le conseil de Bergson – la voie de l'intuition à celle du langage : « Nous échouons à traduire entièrement ce que notre âme ressent : la pensée demeure incommensurable avec le langage [2]. »

« Il n'y a pas de mots assez forts », « C'est au-delà des mots » : nos expressions courantes rejoignent les conclusions des philosophes pour dire l'impuissance du langage. Alors, autant ne rien dire ?

Nos enfants ne savent rien de ces débats, mais ils en vivent les effets. Ils vivent les conséquences du manque de foi moderne dans une valeur qui a pourtant donné tant de preuves de ses vertus. Nous affirmons pour notre part que moins les mots semblent vouloir dire quelque chose, plus il faut veiller à leur redonner du sens.

QUE FAIRE ? *Pour que l'enfant, dès son plus jeune âge, intègre l'idée fondamentale que le réel peut être saisi par le langage, commençons par l'accompagner dans son désir naturel de nommer le monde qui l'entoure (lui donner les mots qui correspondent à ce qu'il désigne ; lui donner des définitions, les nuances qui distinguent des mots proches par le sens ou par le son…). Donnons-lui aussi les moyens d'inventer du sens ! Quand il invente un mot, demandons-lui de raconter ce que ce mot exprime, à quelle réalité il renvoie pour lui, dans quelle histoire il voudrait l'utiliser. Ce qui compte, c'est qu'il fasse le plus tôt possible l'expérience du sens que produit le langage.*

Critique du langage n° 3 : le langage ne peut garantir la civilisation

Les horreurs des deux guerres mondiales semblent légitimer une troisième critique. Depuis les Lumières du XVIIIe siècle, le langage avait été élevé à une dignité supplémentaire : instrument de la raison humaine, il garantissait le progrès de la pensée, dans une vision humaniste du monde. Au XXe siècle, le non-sens absolu qui prit le masque d'une folie meurtrière au cœur même d'une Europe fière de cette culture héritée des Lumières plongea les esprits dans la plus grande confusion et le désespoir : on savait désormais que ni l'homme ni le monde ne pouvaient être sauvés par la raison. Celle-ci, ainsi que le langage, son instrument, perdirent dès lors leur statut supérieur. L'art du discours – l'éloquence, la rhétorique – pouvait se mettre au service de la raison pervertie. Après la barbarie dont venait d'accoucher notre civilisation, comment continuer à célébrer le sens produit par le langage comme facteur de la dignité humaine ?

On trouve chez George Steiner [3], infatigable défenseur des lettres, une analyse particulièrement fine, autant que désolée, de cette impuissance du discours rationnel à assurer la valeur morale de l'action humaine. La défiance et le doute sont désormais partout, reconnaît-il, en constatant l'effet irréversible des attaques menées de toutes parts contre les mots. La musique, les images se présentent alors comme seuls recours : d'autres logiques dominent, qui balayent les lettres peu à peu [4].

QUE FAIRE ? *Aucun doute, très tôt nos adolescents sont informés d'actes de barbarie, historiques ou actuels. Les adultes entreprennent alors de les amener à percevoir leur caractère immoral et irrationnel, au service de desseins funestes. Ainsi toute éducation aux mots aura pour but de leur redonner foi en un outil qu'ils croient vain contre la violence, qu'ils pourraient alors préférer. De leur montrer que c'est parce qu'ils n'en maîtrisent pas toutes les ressources que, par un sentiment d'impuissance à dire sa colère, sa déception, sa contestation, sa révolte, ils recourent aux coups, aux insultes, à la violence de slogans précisément rédigés pour annuler toute intention critique. Le simple fait d'user du langage suffit parfois à désarmer un adversaire, ce dont témoignent de nombreuses personnes qui ont su retenir le geste d'un agresseur en l'amenant à se poser en être de langage, en être humain, en une personne à qui l'on parle malgré ce qu'elle fait. Moins dramatiquement, rappelons-nous avec quelle certitude nous disons lors d'un conflit : « Il faut qu'on en parle. » L'incompréhension, le malentendu sont en attente de langage. La violence est une incapacité à verbaliser, tandis que les mots maîtrisés permettent de se défendre.*

Le diktat du divertissement et du prêt-à-penser

Sans vouloir disqualifier les loisirs et les plaisirs de la distraction, qui ont pris tant de place dans nos sociétés, il s'agit néanmoins de montrer qu'ils exercent une sorte de concurrence déloyale envers des activités plus exigeantes – celles qui requièrent effort, concentration, qui ne sont pas ludiques ni riches en stimulations sensorielles. Tant d'études le montrent en effet : les enfants sont sollicités comme jamais pour éviter l'ennui, le sentiment de vide. Ils sont appelés sans cesse à se divertir, c'est-à-dire, au sens propre, à se détourner de ce qui dérange, de ce qui est ardu. Le monde marchand, qui offre à la frénésie consumériste abondance de biens comme de pensées toutes faites, a d'ailleurs tout intérêt à flatter ce goût du divertissement et cet esprit « zappeur ». Car il en faut, des objets et des activités, pour remplir les journées, et répondre à cette attente de plaisirs immédiats ! Résultat : nos jeunes ne supportent plus l'effort ni la difficulté, comme l'illustre bien ce petit florilège de paroles d'élèves : « Si y a pas d'images, c'est nul ! » ; « Faut que ça bouge, sinon, c'est pas drôle » ; « Si on s'ennuie, on peut pas apprendre, c'est évident » ; « J'aime pas chercher des heures, ça gave, faut que j'aie tout de suite la réponse » ; « Si je commence à lire une phrase et qu'elle a trop de mots, je zappe… »

Tout au contraire, aimer s'interroger, construire des questions claires, comprendre les mots des autres, vouloir donner du sens et en recevoir : voilà une activité qui nécessite du temps, du recul, de la solitude souvent, ou du moins du calme intérieur – tous ingrédients propices à l'état fécond d'attention et de concentration. On se parle à soi-même, on cherche ses mots, on raisonne. Cela ne se fait pas facilement : il faut accepter de fournir un effort.

La psychologie nous apprend que c'est dans la distance avec l'objet, hors de sa perception, donc, que le jeune enfant peut le penser : il en construit l'image et le désire. Une distance doit s'établir entre lui et l'objet pour que se développe sa pensée, en même temps qu'il apprend la frustration, nécessaire à son développement. Et cette construction se fait d'autant plus aisément qu'on l'aide à mettre des mots dessus, à la verbaliser.

Nos enfants ont été éduqués à la surstimulation, et très peu à supporter la frustration. Les conséquences sont graves. Ils éprouvent des difficultés à rester tranquilles, concentrés sur une tâche qui requiert l'usage de leurs capacités intellectuelles : observer, analyser les mots, discerner, raisonner, se souvenir, sélectionner les savoirs en jeu, les appliquer à une nouvelle situation, valider sa réponse… Il faut pour cela être *avec soi*, en contact direct avec sa pensée et sa vie intérieure. C'est un moment d'intériorisation, de construction de son espace intérieur.

Nombre d'enfants n'accèdent pas à ce mouvement vers eux-mêmes, tout entiers collés à une extériorité qui, lorsqu'elle fait défaut, les livre à une angoisse d'abandon, à un douloureux sentiment de vide. « C'est tout vide dans ma tête », dit très justement Justine, 10 ans, quand on l'invite à raconter ce qu'elle ressent alors qu'elle est assise, comme prostrée, à sa table de travail, « et ça me fait peur ». Alors elle écrit « n'importe quoi », pour combler le vide et calmer l'angoisse : n'importe quoi, pourvu qu'il n'y ait pas *rien*. Le remplissage à tout prix !

QUE FAIRE ? *Il convient dès son plus jeune âge de proposer à l'enfant des temps partagés où, comme un jeu, chacun s'installe tranquillement, et se met à imaginer ce qu'il veut, à penser à ce qu'il veut, pour ensuite en parler ensemble. Raconter à l'autre ce qui s'est passé dans le « dedans de soi », donner les détails (circonstances, personnages, couleurs, paroles entendues...) qui permettent de recomposer l'épisode par la pensée. L'enfant est amené à prendre conscience de son univers mental, et à le nourrir. Cet entraînement le mettra peu à peu en relation avec lui-même – ce qui est la condition même de la réflexion.*

L'emballement des signes

Dans cette société du divertissement, nous vivons sous le règne des formules simplistes, saturées d'émotions, émises par ceux-là mêmes qui n'ont d'autre vocation que d'animer la consommation et les loisirs. Nous vivons dans un monde qui célèbre davantage le signe que la signification, qui privilégie le signifiant aux dépens du signifié. On ne peut donc que s'attendre à l'éclatement du sens. Le signe est destiné à être aimé pour lui-même, à séduire par sa seule forme, détournant de l'attente d'un sens un esprit rendu indisponible pour interroger sa signification. On se laisse prendre à des formules (« vivez l'instant » ; « sublimez vos émotions » ; « osez l'excellence » ; « des moments intenses » ; « une expérience inoubliable » ; « vivez le grand frisson » ; « abandonnez-vous à l'extase »...) qui s'adressent à nos besoins primaires, privilégient le registre émotionnel ou pulsionnel. Gonflés de significations impropres au point de perdre leur sens propre, banalisés, galvaudés par des emplois inadéquats, les mots travestissent et dénaturent la réalité et la pensée. Peut-on en vouloir à l'adolescent qui recourt en toute occasion au mot « liberté » dans de grands éclats protestataires, quand il est abreuvé de messages comme « osez la liberté », « libérez l'homme/la femme qui est en vous »... ?

Sur un mode plus grave, nous rejoignons la réflexion à laquelle nous invite George Orwell dans *1984*, fable d'anticipation rédigée en 1949, dont la lecture devrait être rendue obligatoire à l'école, tant elle donne à réfléchir sur les mécanismes du totalitarisme sous toutes ses formes et des outils qui le servent, en particulier la perversion du langage ! Car il s'agit toujours, pour asservir les esprits, de distordre le langage, de briser la langue et la logique, de « restreindre les limites de la pensée », avec, chez Orwell, la complicité d'une langue inventée à cet effet (le « novlangue »), et une inversion du sens à travers des slogans comme : « L'ignorance, c'est la force ! » « À la fin, dit l'un des personnages, nous rendrons littéralement impossible le crime par la pensée car il n'y aura plus de mots pour l'exprimer. »

Les jeunes subissent la séduction des sirènes qui leur vendent de *l'avoir* travesti en *être*. Empêchés par trop de vents contraires de tenir compte des alertes prodiguées par les adultes sur ces dangers, même s'il leur arrive parfois de les percevoir, ils ne peuvent modifier leurs comportements en conséquence. Au contraire, saisis du désir mimétique de reproduire les discours faux, évidés de sens, ils s'offrent, disons-le encore, en proies faciles.

QUE FAIRE ? *Ce n'est pas en faisant à nos enfants le reproche d'être des proies, et même des proies consentantes, qu'on les aide. Pas plus qu'en se lançant dans de grands discours dénonciateurs du monde moderne. C'est par l'expérience directe des effets sur eux de l'emballement des signes qu'on les amène à prendre conscience du phénomène. Il faut guetter l'occasion favorable à un dialogue fondé sur la confiance, et préférer le mode interrogatif pour que le jeune soit renvoyé à lui-même (« Quel comportement, quelles idées crois-tu que les termes de ce spot publicitaire, de ce slogan électoral cherchent à induire ? vois-tu ce qu'ils suggèrent ? » ; « Peux-tu déjà imaginer quel parti prend cet essayiste lorsqu'il titre ainsi son ouvrage ? quel intérêt personnel sert-il ?… ») Le laisser exprimer lui-même le constat des effets sur sa pensée, qui se veut pourtant libre. Le guider vers une réflexion sur les conséquences regrettables pour lui de la soumission aux discours vides du sens dont il devrait pourtant tirer profit pour grandir.*

Menaces sur le langage conventionnel

En matière de langage, tout est permis. Si cette liberté donne assurément le meilleur dès lors qu'elle sert l'expansion et l'enrichissement d'une langue, elle devient en revanche une licence mortifère dès lors qu'elle s'exerce au mépris du (bon) sens. La frontière, certes, est difficile à tracer, et difficile à défendre, tant celui qui pose ce genre de limites est dénoncé comme un empêcheur de s'amuser en rond, un puritain pétri de conservatisme et de moralisme.

N'en doutons pas : l'évolution de la langue est un processus naturel. Tout système linguistique est une entité vivante, qui change au cours de l'histoire, abandonne d'anciennes formes et en crée d'autres. La langue d'aujourd'hui porte l'empreinte des ruptures radicales qui ont transformé notre environnement et, en retour, elle contribue à lui donner sa forme, à l'informer. Songeons à la brillante carrière du lexique économique auquel chacun recourt désormais spontanément pour évoquer sa vie : *gérer* ses émotions, ses relations, son temps… Cet usage n'a rien d'anodin : il nous impose subrepticement une vision essentiellement économique de notre présence au monde.

Mais si l'on donne aux mots le pouvoir de dire une chose ou une autre (« c'est pareil, où est le problème ? »

se défend le jeune pris en faute de mauvais usage linguistique) ; si on ne prend pas soin de mettre les mots au service de l'intelligence, alors le langage devient une denrée périssable, un organisme vulnérable, jetable et remplaçable, condamné à sans cesse se renouveler, saisi du virus moderne de la vitesse et de « la nouveauté à tout prix ».

Le vent contraire qui souffle aujourd'hui contre les règles d'une langue rigoureuse est particulièrement violent [5] ! Jamais elles n'ont été autant dédaignées, dénoncées comme contraintes insupportables ou instruments d'un pouvoir de classe. Se trouve alors menacé ce qui en faisait un système solide et fiable, un instrument de rigueur et de précision, avec lequel on pouvait jouer *parce que* précisément on en maîtrisait les règles. Dès que fut proposé aux enfants de *s'exprimer* avec leurs mots – condition perçue comme suffisante de la valeur de leurs énoncés – sans leur avoir suffisamment donné à *imprimer* une langue qui produise du sens, le loup était entré dans la bergerie. Sans doute pleine de bons sentiments, la proposition était malhonnête : elle creuse encore et encore les écarts entre ceux qui ont les moyens, sociaux et naturels, d'un langage respectueux du sens et ceux qui en manquent.

Et comme ce qui l'emporte, c'est ce qui apparaît comme plus facile et accessible, c'est une langue affaiblie, abîmée, dégradée qui triomphe aujourd'hui dans tous les milieux. Les codes inventés naguère pour se reconnaître et se protéger contre l'autre, « l'étranger », comme l'était l'argot à son origine, n'ont plus cette fonction : les enfants des familles bourgeoises et ceux des banlieues parlent souvent le même langage. Sans pour autant développer le sentiment d'une communauté d'intérêts ou de goûts. Aujourd'hui, c'est le « code » qui se revendique comme instrument de séparation par rapport à la culture traditionnelle et ses conventions langagières : il est dans toutes les bouches, quelle que soit l'appartenance sociale [6].

Le clivage qu'introduisent ces emplois d'une langue qui veut trancher sur le parler conventionnel est marqué au sceau de la « valeur » qu'est la jeunesse. On parle jeune, on veut être jeune, faire jeune : c'est un signe de reconnaissance et d'appartenance à une tribu, et sans doute aussi une tentative paradoxale d'apprivoiser ce que les changements trop rapides de notre monde pourraient avoir d'angoissant pour celui qui se voit bientôt mis hors course, exclu d'un mouvement où il n'aura plus sa place. La contamination est générale : les adultes cèdent bien souvent au mimétisme « djeun's » qui s'étend de proche en proche à tout le corps social.

Notre intention n'est pas ici de lever une nouvelle querelle des Anciens et des Modernes, ni de pourfendre les changements de code et de culture au nom d'un académisme figé. Pour défendre la cause des mots, nous avons seulement le souhait de faire réfléchir aux effets sur les esprits d'un langage appauvri et négligé, et de faire contrepoids aux initiatives aventureuses de la modernité quand elles font peser une menace sur le sens.

QUE FAIRE ? *Contrairement à ce que croient les adultes, les jeunes attendent que chacun reste sur ses terres ! Autant pour marquer leur propre territoire que – et l'on peut s'en étonner – par conscience de leurs propres manques. Ils attendent que les adultes leur apportent des réponses, demeurent les gardiens de la rigueur et de la norme, même si c'est pour mieux pouvoir s'y opposer. Cédons donc à cet optimisme : globalement, ce n'est pas parce qu'ils s'opposent à la transmission des règles du langage qu'il faut les prendre aux mots ! En l'occurrence, ils sont loin de respecter les adultes qui parlent leur code et semblent renoncer à l'exigence langagière.*

L'enseignement de l'écrit négligé ?

L'école ne peut plus se considérer comme un lieu protégé des changements qui affectent le monde en dehors de ses murs. Critiquée pour être trop fermée au monde extérieur, trop éloignée de la vraie vie, responsable par conséquent de l'échec des jeunes à trouver leur place dans une société en pleine mutation, elle a fini par s'ouvrir. Mais du coup, elle a été touchée à son tour par la perte d'aura du monde de l'écrit, par l'indifférence voire le mépris envers les règles du langage qui organisent la rigueur de la pensée.

Interrogés sur leur métier, les enseignants pointent d'abord les difficultés d'apprentissage, le manque de concentration et la fuite devant l'effort d'apprendre.

Mais, du CE2 jusqu'aux classes supérieures, leur agacement devient inquiétude et désarroi quand ils s'épanchent sur l'absence grandissante de maîtrise du langage chez leurs élèves. Ils sont témoins de ce que la privation de l'outil indispensable à la construction du sens produit comme effets désastreux : de plus en plus de jeunes ne possèdent pas cette structuration de l'esprit qui permet de développer la pensée réfléchie. Le phénomène est si manifeste que le jugement des professeurs est de plus en plus tranché et généralisateur : « ils ne savent pas lire », « leur pensée est incohérente » ; « leur expression est navrante ».

Les enseignants peinent, disent-ils, à exiger de leurs élèves la maîtrise du langage et de ses règles qui seule leur permettrait de leur transmettre des savoirs complexes. Beaucoup lâchent une mission qui se révèle à leurs yeux impossible, renoncent à un travail de correction qui reste sans effets. « Comment lutter contre un processus en marche dans une société qui démontre à grands bruits qu'on peut se passer de l'outil qui crée et fait circuler du sens ? Nous sommes dépassés… », avoue un futur professeur de français en stage de formation. Jusqu'à quand encore les enseignants jugeront-ils utiles (ou s'autoriseront-ils) les commentaires portés en marge des copies : « attention : langage parlé » ; « vocabulaire impropre » ; « très mal dit » ; « non-sens » ; « syntaxe très fautive » ? Et, en corollaire, posons cette question grave : suffit-il vraiment que les jeunes reçoivent ces remarques pour désirer et savoir remédier au problème ? « Je n'ai pas fait toutes ces études pour devoir leur apprendre à faire une phrase simple correcte », s'indigne une enseignante de terminale. Un autre, fort de quinze années d'expérience dans un grand lycée parisien, se dit « écœuré », et a fait son choix : abandonner l'enseignement du français « pour garder foi et plaisir auprès d'un petit nombre, encore intact, de latinistes et d'hellénistes ». Les responsables scolaires le clament : le partage linguistique entre eux et les enfants s'opère mal. Plus symptomatique encore, un enseignant d'économie plaidait ainsi sa cause en affirmant avec force : « Ce n'est pas à moi, dans le cadre de l'école, de leur dire s'ils parlent mal, s'ils écrivent comme ils parlent, ou de les punir pour grossièreté. Je n'ai pas un rôle de moralisateur. Mon travail, c'est d'enseigner l'économie. »

Dans un contexte chaotique, la maîtrise de la langue s'impose tout naturellement comme l'aune implacable à laquelle évaluer l'égalité des chances à l'école. Les résultats sont clairs : les écarts se creusent, inexorablement, entre ceux qui jouissent d'une bonne maîtrise du langage et ceux, à différentes échelles, qui n'en possèdent pas le privilège. Sur ce plan, l'idéal d'une école égalitaire ne tient pas ses promesses.

De leur côté, les parents constatent les difficultés de l'école à enseigner la maîtrise de la langue, ou dénoncent l'insuffisance de cet enseignement. Ils sont nombreux à exprimer leur consternation face aux productions écrites de leur progéniture : fautes de langue ; contresens sur les énoncés, tous textes confondus ; vocabulaire indigent ; phrases incompréhensibles... La position officielle de l'école est pourtant régulièrement affirmée : sa mission est d'apprendre à lire, à écrire, à compter. La maîtrise de la langue est depuis 2005 le premier des sept piliers du « Socle commun de connaissances et de compétences », un texte officiel que l'Éducation nationale a fait inscrire dans la loi n° 2005-380.

Il n'empêche : l'état d'urgence est désormais proclamé depuis longtemps. Mais au-delà des pleurs et des grincements de dents, au-delà des débats intellectuels, au-delà des initiatives ingénieuses et admirables d'enseignants qui ne baissent pas les bras, il faudrait bien évidemment que soit mise en place à l'école une politique générale de défense du langage et du monde de l'écrit autrement plus énergique, sans concession, et intensément partagée pour promouvoir son éducation. Il faudrait, rêvons un peu, que la cause de la maîtrise de la langue devienne cause nationale, déclarée telle, solennellement, avec tambours et trompettes ! La transmission ne peut se faire que par la médiation d'un langage qui refuse l'équivoque, l'imprécision et l'impropriété, et rassemble autour du sens. L'école ne doit pas abandonner le jeune individu à l'illusion qu'il pourrait se passer d'ordre et de signification.

QUE FAIRE ? *Toutes les occasions sont bonnes pour transmettre du langage, même les plus simples, les plus quotidiennes. La maison sera un lieu privilégié de cette transmission. Mais outre ses parents, tout adulte qui accompagne un jeune, même sur des temps limités, doit garder en tête qu'inculquer le goût et le sens des mots, de leurs fonctions, de leur usage, est un rôle qui lui est prioritairement échu. C'est la seule réponse à donner face aux difficultés multifactorielles (et encore loin d'être résolues) qui font pour l'instant obstacle à la mise en place d'une véritable éducation du langage à l'école.*

Les invasions technologiques : information *vs* formation ; sensation *vs* réflexion

Le numérique a pris possession de nos vies. C'est là une réalité irréversible. Mais en faire le constat n'implique pas pour autant de renoncer à en évaluer les conséquences quant à la question du langage. Et là, un double objectif s'impose à nous : mesurer en quoi cette invasion menace de faire perdre à la jeune génération sa compétence à construire le sens, et élever quelques garde-fous pour limiter son emprise aliénante.

Voulons-nous voir clair dans cette vaste question du numérique ? L'affolement nous gagne devant la surabondance des articles, ouvrages, débats, discours avançant les arguments et analyses les plus divers, les plus polémiques – à la mesure de l'ampleur du phénomène et de ses enjeux. Des enjeux qu'illustre, plus concrètement, ce portrait d'un jeune adolescent.

PORTRAIT D'UN JEUNE ZAPPEUR (JÉRÔME, 12 ANS)

Jérôme, 12 ans, a beaucoup d'humour et l'esprit vif mais « zappeur ». Invité à réfléchir et à se concentrer, à utiliser des savoirs, à rédiger des idées simples, un raisonnement organisé par les mots, son esprit semble se dissoudre. Agitation, peurs, conflits inévitables à la maison. Jérôme ne connaît qu'un refuge : son ordinateur. Il s'intoxique d'informations éclatées, de figures animées à un rythme et à un niveau sonore agressifs, mais il n'en a aucune conscience. Il zappe et joue du raccourci clavier en gestes compulsifs : il éprouve avec jubilation la liberté et le pouvoir de faire apparaître et disparaître ce qu'il veut sur son écran, dès qu'il lui est demandé quelque effort. L'épreuve de la résistance du réel lui apparaît comme une mise en échec personnelle. Déjà, des habitudes mentales sont prises. En classe, il lui est « insupportable » de suivre une démonstration, un discours « qui n'en finit pas », d'avoir à écrire et apprendre une leçon. Il s'affole à la seule vue de la page d'un livre, malgré la présence grandissante des images dans les ouvrages scolaires, incontournable concession aux élèves d'aujourd'hui.

Les parents, inquiets, se posent souvent les questions essentielles : quels sont les effets des outils numériques sur l'apprentissage et la réflexion ? Les enfants, oui ou non, apprennent-ils mieux grâce à l'outil électronique[7] ? Les jeux vidéo sont-ils mauvais pour la concentration et l'attention nécessaires à l'activité de l'esprit ? L'usage d'Internet nuit-il à la réflexion ou, plus crûment, rend-il stupide ? Le numérique va-t-il anéantir les compétences langagières et la civilisation de l'écrit ? Quels changements neuronaux et comportementaux sont à attendre, dans la mesure où domine déjà la croyance selon laquelle prendre son temps signifie, pour une sensibilité surstimulée, perdre son temps, s'ennuyer ? Dans les dix prochaines années, à quoi ressembleront Internet et les objets connectés ? Quels nouveaux usages vont s'imposer dans notre quotidien ?

L'alerte est lancée.

L'omniprésence des écrans inquiète les professionnels de la santé mentale et du comportement dans le monde développé, et ce indépendamment des systèmes scolaires. La dépendance des jeunes à cet univers digital se définit selon des critères très précis : perte de contrôle du temps passé sur Internet, négligence du travail scolaire, désintérêt pour l'école et les contacts sociaux, symptômes de manque (ennui, irritabilité, peur en l'absence d'Internet et des réseaux sociaux), inconfort émotionnel évacué grâce à la stimulation apportée par l'écran, quelles qu'en soient les conséquences, piège de la surenchère sensorielle.

Ainsi, les déficits portant très précisément sur les compétences nécessaires à la lecture, à la compréhension verbale, à la production de sa propre pensée sont en augmentation manifeste. D'après l'ouvrage délibérément provocateur du psychiatre allemand Manfred Spitzer, *Digitale Demenz* [*La Démence numérique*] [8], si l'univers numérique est une menace pour le sens et les mots, c'est pour deux raisons :

– tout d'abord, il nous sature d'informations indifférenciées, mises toutes sur un même plan, et en quantité quasi infinie. On peut savoir sans apprendre, tandis que l'apprentissage, lui, relève d'un processus d'appropriation qui se fait dans la durée : c'est une construction, une conquête. Une somme d'informations, aussi intéressantes soient-elles, ne remplace pas l'activité mentale et comportementale par laquelle on construit des connaissances. La surabondance d'informations instantanées, qui apportent une réponse immédiate, procure une satisfaction qui se suffit à elle-même et dont l'instantanéité comble tout questionnement, faisant oublier pourquoi et comment un énoncé est juste. On est là dans un rapport au savoir qui risque de se rapprocher de celui du boulimique envers la nourriture, ou du toxicomane envers sa drogue. On pourrait ici paraphraser Poincaré [9], en affirmant qu'un amas de connaissances n'est pas plus de la culture qu'un tas de pierre n'est une maison. La culture, en effet, c'est un ensemble de connaissances tissées entre elles par des liens de sens, permettant en retour un enrichissement sans limite des réseaux de signification qui la constituent. Si la mémoire participe de l'intelligence, c'est parce que pour retenir durablement les informations, nous devons établir des relations entre elles selon des cheminements de pensée que nous frayons nous-mêmes. La machine dispense de chercher, d'interroger, de douter, de valider, d'interpréter et de juger – et donc de se mettre au travail des mots, activité pourtant irremplaçable, qui fait de chacun de nous le maître d'œuvre de son propre esprit ;

– en second lieu, les médias numériques se présentent à nous sous des formes qui parlent à nos sens : images, sons, mouvements… La sensation est certes un mode tout à fait valable de la relation au réel ; l'extraordinaire potentiel sensoriel de nos enfants est même une source de motivation et de construction des capacités d'apprentissage. Leur pratique des écrans développe chez eux des capacités étonnantes de perception et de réponse aux stimuli dans l'immédiateté. Tout cela est juste. Mais il s'agit de ne pas dispenser l'esprit du travail de la pensée réflexive, procédurale, qui assure le développement d'aptitudes mentales, naturellement programmées pour croître. Or ces aptitudes sont parasitées par la saturation sensorielle.

Le débat est complexe et ce n'est pas ici le lieu d'en rendre compte de façon exhaustive. Son issue se trouve probablement dans la recherche d'une juste cohabitation. Il serait absurde, dans le domaine de l'apprentissage, de rejeter globalement les nouvelles technologies. On ne fera plus sans elles, mais encore une fois, leur introduction dans le champ de l'éducation ne peut se faire au détriment du travail de la réflexion par les compétences langagières. Précisément, d'ailleurs, parce qu'elles sont d'une absolue nécessité pour un usage fécond du multimédia : plus il y aura de technique, plus il faudra de capacité à trier, hiérarchiser, juger – donc à réfléchir. Entre l'accro aux technologies connectées et l'analphabète numérique [10], il y a la place pour l'utilisateur averti d'une technologie incontournable.

QUE FAIRE ? *Nous ne saurions ignorer, mépriser ou craindre les outils numériques sans que cela ne nous nuise davantage que cela ne nous protège. Il s'agit donc d'aider les jeunes à les apprivoiser intelligemment, à en faire des alliés. Que la famille soit le premier lieu d'initiation au meilleur usage de ces outils, dont il convient de limiter l'invasion dans le cadre privé, tant leur usage abusif menace le désir et le travail du sens ainsi que la survie du langage soucieux de significations. Le conseil raisonnable que le psychiatre Serge Tisseron donne aux parents, premiers responsables des instruments mis à la disposition de leur enfant jusqu'à sa majorité est la règle du 3-6-9-12, reprise par l'Association française de pédiatrie : pas d'écran avant 3 ans, pas de console de jeux avant 6 ans, pas d'Internet sans surveillance avant 9 ans, pas d'Internet seul avant 12 ans.*

Le choc des images... sans le poids des mots

Parmi les techniques spectaculaires qui saturent la réceptivité sensorielle autant qu'émotionnelle, une place toute particulière doit être réservée ici à l'image, tant « l'inflation du visible, comme l'écrit la philosophe Marie-José Mondzain, suspend l'exercice de la pensée [11] ». Cette suspension de la pensée constitue-t-elle une menace pour l'aptitude à la réflexion (ce qui serait un phénomène inédit dans l'histoire humaine) ? Quel est le risque de l'effacement des mots sous la prolifération des images que nous subissons malgré nous et dont, nous le savons tous, rien n'empêchera la progression ?

Le philosophe René Huygue nous aide à rester lucides : « Il faut frapper, explique-t-il, ancrer dans la mémoire visuelle une image qui s'y imprime par sa force de surprise ou de répétition. Mais cette image ne réclame plus qu'on réfléchisse, qu'on adhère à elle ; elle impose une notion simple par un choc optique ; par l'entremise des yeux, elle procède à une sorte d'effraction de l'esprit… Montrer équivaut à démontrer. » Or, démontrer, n'est-ce pas une des fonctions privilégiées du langage ? René Huygue poursuit : « L'image peut créer des convictions sans fondement justifiable. N'étant pas contrôlées par la pensée, elles peuvent être arbitraires, même absurdes : le sujet ne s'en aperçoit pas, puisqu'il lui appartient seulement de les enregistrer [12]. »

Immédiateté et simplicité de la saisie de l'information par l'image là où elle est complexe et médiate par l'entremise des mots. L'efficacité de l'image est déjà d'ordre neurobiologique. La neurobiologie nous apprend en effet que l'image se saisit sur un mode global, alors que le langage nécessite un travail cérébral complexe. Le cerveau distingue bien les deux types de messages. L'aire du langage se situe dans l'hémisphère gauche, dit dominant (c'est lui qui commande la motricité de la main droite) ; le repérage spatial et la reconnaissance graphique non lexicale s'effectuent dans l'hémisphère droit. La prise de conscience du message verbal se fait grâce à des opérations de symbolisation et d'abstraction, et les données alors identifiées et recombinées sont rattachées à une signification selon un code, qui dépend de l'usage et donc des acquis antérieurs. Tout cela prend du temps, nécessite un effort dès lors que le message est tant soit peu subtil.

Pourquoi alors s'efforcer de plonger dans la conscience d'un personnage de roman sur une vingtaine de pages quand un regard, un geste, une intonation perçus en trois secondes sur l'écran nous en disent tout autant sur ce qui agite ses pensées et son âme ? « Tout autant », vraiment ?

Il serait regrettable de voir dans ces remarques une attaque radicale contre l'image : elle est source d'incontestables enseignements et plaisirs. Mais l'hégémonie écrasante dont elle jouit dans notre culture contribue à la perte du souci des mots. Un jeune esprit peut être détourné du mot, du texte, et du sens que le discours, au contraire de l'image, permet de traduire dans toute sa densité, subtilité et complexité. Il suffit d'observer la difficulté parfois inquiétante qu'il peut avoir à mettre des mots sur les significations d'une image à analyser, ou même son refus pur et simple d'un acte perçu comme superfétatoire et sans intérêt : « Ça se voit, ce que ça dit… pas besoin de le dire ! »

On songe avec nostalgie aux longs récits mystérieux qu'enfant il inventait sur les images de ses petits livres, dans la jouissance de parler et de s'entendre parler. Mais voilà : un jour, la magie n'opère plus, il finit par laisser ses livres sur les étagères, sans qu'on sache vraiment pourquoi. Ne cédons pas, pourtant, à de vains regrets, et gardons notre cap : réanimer, préserver et développer la compétence langagière en démasquant ses ennemis !

QUE FAIRE ? *Pour amener le jeune aux mots, alors qu'il déclare que l'image suffit, parle d'elle-même, l'adulte gagnera à passer par la reconnaissance de ce pouvoir incontestable, puis tout naturellement, sans commenter la situation comme « éducative » (la discussion aurait alors vite fait d'être rejetée !), il mettra sur l'image quelques « mots-appâts », provoquant un échange spontané. Bonne occasion de valoriser le choix du jeune interlocuteur, de l'amener à « s'expliquer », et de prolonger sa perception de l'image par des mots.*

Homo commotus : j'exprime mon émotion, donc je suis

Pour prolonger ces considérations sur l'image, soulignons qu'elle est aussi le vecteur privilégié de la stimulation émotionnelle. L'émotion serait-elle aussi un vent contraire ?

L'homme moderne est ému, et l'exprime, l'exprime, l'exprime ! Nous baignons dans le *pathos*. Les essais sur l'émotion – ses manifestations, ses fonctions, ses droits, ses significations, ses valeurs – se multiplient et les confidences impudiques connaissent des succès étonnants. Les jeunes sensibilités sont les premières victimes de cet état de fait : facilement exacerbées, vulnérables face à toute injustice et poreuses aux mots d'ordre simplistes qui se fichent immédiatement dans le cœur, elles subissent sans protection la surenchère émotionnelle qui tient le haut du pavé médiatique. Le déversement ininterrompu d'un prêt-à-s'émouvoir participe à la glorification de l'émotion. Il faut la faire couler à grands jets. Chacun a quelque chose à dire car il a quelque chose qui l'émeut. Les personnages publics se prêtent avec complaisance à ce jeu médiatique, bien conscients que leur avenir s'y joue de manière déterminante. Ainsi, lors d'un événement dramatique qui exige de prendre du recul, d'interroger ses enjeux, d'en comprendre toutes les dimensions, de prendre même un temps de silence, on assiste en général à une logorrhée indécente, à un déversement de mots qui sont loin d'être « plus forts que le silence », pour reprendre l'expression du dramaturge antique Euripide. Mieux vaut alors se taire, ajoutait-il. Lors de la promotion d'un film, le comédien ou la comédienne, à grands coups de superlatif, ne parle que de lui/d'elle : par exemple de l'intensité de la relation avec le réalisateur qui a transformé sa vie, etc. Mais si peu de l'intelligence de l'œuvre que son travail se devrait de servir. Pour cela, les mots lui manquent. Je vaux ce que je ressens, et non ce que je pense : tel est le message.

Or, la complexité inhérente à la réalité exige plutôt une capacité à saisir l'ambivalence et l'ambiguïté ; à anticiper, prévoir, et même accepter le risque et l'imprévu pour concevoir des compromis. Mais si seule compte la réaction, la réponse immédiate qui est d'abord émotionnelle, que devient cette faculté ? Elle s'atrophie. Plus il y a d'intensité émotionnelle, moins il y a de place pour le jugement et l'analyse ; plus le langage construit se tarit.

Bien sûr, il ne s'agit pas de disqualifier la sensibilité, qui confère à nos choix et à nos expériences une densité précieuse, mais seulement de témoigner combien la prédominance qui est donnée à cette modalité de la perception contribue à la disqualification des autres formes de relation au réel et favorise les endormeurs d'esprits : ils ont champ libre pour décider, juger de ce qui est bon, à notre place. Sachons donc bien distinguer l'émotion-réaction, qui n'a pas d'autre but qu'elle-même et invalide la réflexion de celle qui au contraire ouvre vers l'interrogation ou la méditation.

QUE FAIRE ? *Les occasions ne manquent pas de repérer comment l'expression émotionnelle se substitue à l'effort de mettre des mots sur la nature choquante d'une situation, personnelle ou collective. Ne pas manquer alors d'alerter le jeune sur les risques du manque d'une réflexion appropriée sur la situation qui l'aura ému : nommer des risques précis, guider son questionnement (« en quoi est-ce choquant ? que peut-on craindre dans cet événement ? quelle valeur à laquelle tu tiens semble menacée ?... »), suggérer des mots pertinents qui rendent compte des réalités en jeu – voilà ce qui l'incitera à accepter et ne pas craindre cet effort.*

Moi-je

« Je ne vois pas pourquoi je devrais être intéressé(e) par ce qui intéresse les autres » ; « Si j'aime pas lire, c'est mon droit » ; « Pour moi, ça veut dire ça, tant pis si ça veut dire autre chose pour vous » ; « Les profs nous imposent leurs idées, ils veulent qu'on parle comme eux ! » : voici un petit florilège, qui illustre combien nos jeunes se prennent souvent pour la mesure de toute chose.

La remise en cause de la transmission au nom de la liberté de pensée et d'expression a favorisé le développement de l'individualisme. Au fil des années, ce qui en fondait la légitimité et lui donnait sa valeur – la reconnaissance de l'individu libre, en rébellion contre la domination d'un groupe campé sur ses principes et ses privilèges – s'est exacerbé et dénaturé. La célébration du moi, du sujet qui revendique ses propres choix, ses propres croyances comme suffisants pour garantir sa valeur s'est substituée au sentiment que puisse exister un arrière-plan qui le transcende, moral notamment, pour donner sens à la vie sociale. Éduqué à l'égalité des valeurs au-delà des différences, l'individu peut à son tour revendiquer les siennes propres comme justes et légitimes. Est-il alors encore capable de penser un universel, voix de l'humanité, comme référentiel qui se situerait au-dessus de sa particularité ? Ce qui est au-dessus de nous tous, n'est-ce pas précisément ce qui s'adresse à tous, rassemblés, et leur est donné en partage ? Perdre l'idée de l'universel, c'est perdre le désir du sens.

Les jeunes sont plus que jamais ancrés dans le présent par une culture qui les attache au « ici, aujourd'hui », et ils sont ainsi privés du pouvoir d'accéder au « ailleurs, hier ». Or l'on sait que plus une information est éloignée de nous dans le temps et du monde que nous connaissons, plus nous avons du mal à la comprendre. Mais c'est précisément l'effort, le dépassement exigé pour cette compréhension qui éduque, et non pas l'immédiateté et la facilité. Ce qui appelle à sortir de soi développe l'aptitude à énoncer des concepts par lesquels on rend raison du monde, on évalue et on décide.

Précisément, s'il est un acquis qui repose entièrement sur la transmission et sur l'adhésion au transcendant, c'est bien les savoir-lire, parler et écrire, qui sont au service du partage de tous les savoirs. Dans le cadre familial d'abord, à l'école ensuite, c'est par le langage que l'enfant s'approprie ses différents milieux de vie et s'inscrit dans une histoire collective. Il serait illusoire de croire qu'un individu autonome et responsable puisse se construire dans le rejet de cet héritage. Selon le philosophe Charles Taylor, l'autonomie ne peut prendre son essor que dans une civilisation où l'art, les sciences, la philosophie, mais aussi la théologie entretiennent l'aspiration à la liberté. Taylor en est convaincu : « Je soutiens que l'individu libre de l'Occident n'est ce qu'il est que grâce à la société globale et à la civilisation, qui l'ont produit tel qu'il est et qui l'entretiennent [13]. »

Or précisément, le vecteur de cette inscription est le langage, qui rassemble, et se situe au-dessus des particularités. Voilà pourquoi il devrait plus que jamais être enseigné, soigné et cultivé, pour lui-même d'abord, comme objet passionnant de connaissances à part entière, et comme outil de civilisation qui construit véritablement le *moi*.

QUE FAIRE ? *Il est bien difficile d'amener un jeune à se décentrer et de le sensibiliser à ce qui, spontanément, lui paraît loin de ses goûts et de ses préoccupations. Ce qui est sûr, c'est que rien ne peut se faire par une transmission verticale et dogmatique : « Mais c'est beau, ça ! C'est intéressant ! Vingt siècles qu'on l'admire… ! » La crispation et la revendication de son « originalité » seront les seules réponses à nos efforts de persuasion. Il est alors plus fécond de faire soi-même un détour par la prise en considération de sa réaction : « C'est vrai, il est toujours difficile d'aller vers ce qui nous semble lointain dans le temps et l'espace, c'est ainsi pour chacun de nous, quel que soit notre "ici et maintenant". Mais tenter ce décentrement vers autre chose que soi, c'est déjà un acte par lequel on devient plus intelligent ! Sans quoi, c'est prouvé, l'intelligence s'atrophie ! » On peut alors être heureusement surpris : « Il se peut même que tu apprécies ce que tu croyais ne jamais pouvoir t'intéresser… » S'appuyer alors sur l'exemple qu'il aurait d'une expérience vécue avec satisfaction où il se serait spontanément décentré avec profit : la tendance est forte d'oublier ce qui vient contrarier des croyances ou des comportements habituels ! De façon générale, servez-vous de ses propres expériences ! Vous pourrez mieux faire passer le message qu'il n'y a pas de honte à accepter de ne pas tout savoir, et que c'est là le fondement même d'une attitude d'écoute et de dialogue.*

Le rejet de tout ce qui n'est pas immédiatement utile

Voici maintenant un vent contraire qui souffle particulièrement fort sur nos esprits ! Enfant, il ne supportait pas de ne pas comprendre et harcelait de questions les adultes autour de lui. Aujourd'hui, parfois à peine entré dans l'adolescence, trop souvent indifférent et désabusé face au savoir, le jeune fait une distinction radicale entre d'une part les acquis utiles pour la vie, résumée à sa dimension pratique, ce qu'il imagine éventuellement de son futur métier et le reste, d'autre part, écarté car jugé sans intérêt. Dans un monde qui a posé le pragmatisme et le matérialisme comme seuls fondements de la réussite d'une vie, il se détourne du savoir qui ne serait pas d'ordre immédiatement utilitaire. Pas besoin de connaître « la vie de Molière pour faire des études de biologie marine » ni de « décortiquer sans fin un poème de Rimbaud pour se former aux lois du marketing » *(sic !)*. Primauté, donc, donnée à la raison instrumentale, par laquelle chacun évalue les moyens les plus efficaces de parvenir à ses fins. Promotion de l'économie par un individu rationnel, ordonnant son action selon des calculs stratégiques.

Il est bien loin l'esprit de la Grèce antique qui avait conçu le savoir comme appartenant à l'ordre spirituel ! N'avons-nous pas tout à gagner à présenter le savoir comme susceptible de donner un surcroît de sens à nos vies ? Même les jeunes, crispés sur l'esprit du temps et tout conditionnés qu'ils sont par la primauté de l'utile utilitaire, peuvent éprouver le sentiment latent qu'il leur manque quelque chose d'essentiel. Le plus souvent, ils ne savent qu'en faire ni identifier sa source, alors que là se trouve en germe une ouverture dont il serait dommage que les éducateurs ne profitent pas. Notons au passage que ce manque peut être si douloureusement perçu qu'il conduit parfois à des troubles du comportement et à des vécus dépressifs bien alarmants.

Les « humanités » qui ne se transmettent que par l'art du discours sont doublement menacées : et par la désaffection envers le langage et par leur inutilité proclamée pour entrer dans la société marchande et techniciste, oublieuse de *l'être*.

Ce n'est qu'avec le recul de l'âge que vient bien souvent le regret de ne pas avoir été un jeune lecteur, sous l'autorité d'éveilleurs, de guides de l'esprit. Nombreux en effet sont les adultes qui tentent alors de rattraper le temps perdu et rêvent d'éviter à leurs enfants les conséquences de cette croyance erronée en l'inutilité de l'inutile.

QUE FAIRE ? *Plutôt que de lui affirmer la valeur d'un savoir qui lui paraît inutile, il vaut mieux aider l'adolescent à s'en approprier l'idée par une expérience directe, par un ressenti d'ordre émotionnel (ressort ici pertinent !). On utilisera par exemple le bombardement médiatique, saturé d'appels aux émotions, ou la traversée d'un moment de vie difficile pour lui montrer que tout cela peut être pensé, et pas seulement subi. Et que les outils de cette pensée sont précisément ceux que ces « savoirs inutiles » l'aident à forger. Toujours ajouter qu'il est lui aussi potentiellement organisé mentalement pour repousser les limites qu'il se met, malgré lui. S'autolimiter, c'est renoncer d'avance à tout un champ de possibilités offertes à tous et se soumettre à l'autorité et la domination de ceux qui, eux, auront su les saisir.*

L'éloge de la paresse

« Les enfants sont malades de la volonté ! » C'est ainsi que le proviseur d'un lycée parisien ouvrit son discours de rentrée des classes devant une salle comble de parents, inquiets de voir combien leur enfant changeait d'attitude et de discours face à l'apprentissage.

C'est un vrai cercle vicieux : la tendance au « moindre effort » est une donnée générale de notre nature humaine, c'est ainsi ! Et, accentuant cette tendance, autour de nous tout semble de plus en plus accessible, à portée de main : être informé du monde comme il va, faire de bonnes affaires, piocher dans la réflexion des autres pour penser, se distraire dès que l'on se sent désœuvré… Le matraquage médiatique exploite largement cette propension en recourant à un mode infantilisant : « il vous suffit de cliquer ! » ; « ne cherchez plus, c'est là ! » ; « nous nous occupons de tout » ; « soyez zen ! » ; « vous avez mieux à faire que de galérer ! » ; « il suffit de demander et vous l'avez ! » ; « faire fortune : rien de plus simple ! » ; « le bac facile ! », et autres célébrations du « sans effort ». Beaucoup plus que de simples invitations à s'épargner, c'est un véritable éloge de la paresse qui circule sournoisement dans nos rues et sur nos écrans ; le monde du show-business, très visible et séduisant, n'affiche-t-il pas avec indécence l'arrogance de succès faciles ? Même pour les têtes matures, c'est troublant.

Que nous bénéficiions d'adjuvants qui nous libèrent de contraintes pénibles est une bonne chose.

Que l'on suggère comme idéal de vie et dû légitime de posséder et de profiter sans efforts est autre chose. Les effets de cette promesse mensongère sont pernicieux, et la frustration n'en est pas le moindre. Dépassée, la frustration peut contribuer à la construction de la personne ; mais elle est malheureusement vécue par nos enfants et adolescents comme une insupportable injustice ; ils manquent, pour la plupart, des moyens de la transformer en acte pour grandir. Quand Paul, 16 ans, dit : « j'ai pas à faire d'efforts… c'est facile ou je fais pas », et qu'en même temps il se révolte violemment contre les punitions de ses parents qui frustrent ses attentes de loisirs ou de possession, il est réellement bien difficile de le sortir d'une logique qui s'étale triomphalement partout, et qu'il a faite sienne, sans même en avoir conscience. Et s'il lui arrive d'avoir consenti exceptionnellement à un effort et qu'il n'en est pas récompensé, une fois la colère passée, sa décision est prise : « Plus jamais, ça sert à rien ! »

L'abandon des jeunes à la paresse est par ailleurs renforcé par le sentiment général que tout est compliqué, qu'il faut sans cesse « se prendre la tête » et « galérer ». Au passage, notons l'extraordinaire fortune de cette métaphore nautique : vrai signe des temps, sinon même symptôme ! « La vie lui semble difficile, soupire la maman d'une jeune fille de 15 ans, qui vit pourtant dans une famille offrant un climat de sécurité, et qui n'est pas pour autant diagnostiquée déprimée ; elle se plaint d'être toujours fatiguée. »

Banalité de la fatigue contemporaine chez les jeunes, qui inquiète beaucoup les responsables de la santé : fatigue, lassitude, absence de motivation, avec tous les risques du renoncement, du « laisser-tomber », s'emparent de la jeune génération et renvoient une triste image de notre monde : à quel point tout paraît toujours trop difficile ; à quel point personne n'a plus le temps de rien, déplore ainsi le philosophe Peter Sloterdijk[14], dénonçant le cynisme moderne qui n'a d'autre idéal à proposer que celui d'« être idiot et avoir du travail » (Gottfried Benn). Est-ce là ce que nous souhaitons pour nos enfants ?

QUE FAIRE ? *Écouter l'expression d'une fatigue, pour autant qu'elle ne porte pas que sur l'effort au travail, c'est évidemment essentiel. Des réponses très pragmatiques peuvent alors être bienvenues, en ne négligeant pas chez un adolescent l'hypothèse d'une addiction au cannabis qui crée, c'est largement attesté, une inhibition de la volonté. Mais comprendre que la fuite devant le travail vient largement de la peur de ne pas réussir est une règle prioritaire. Le coup de pouce opportun, qui à la fois fournira des connaissances et indiquera les bonnes procédures pour réussir, aura un effet rassurant autant que formateur.*

Tout porte à croire que les forces contraires au travail du sens sont puissantes. Et, comme nous l'avons souligné, il serait vain de rêver à un retour au monde d'avant la technologie, d'avant le « tout-divertissement » et la promotion de l'utilitaire. Tel n'est pas notre propos. Mais un acquis se fait toujours au prix d'une perte. Et de nos jours la perte est celle du *sens même du sens* et celle des outils qui en assurent la possibilité.

Cela est trop grave pour être laissé aux seuls spécialistes, ceux qui font profession d'alerter, et qui ne manquent d'ailleurs pas de le faire !

Et cela ne suffit apparemment pas. C'est donc vers les enfants et leurs parents qu'il faut nous tourner : c'est dans leurs paroles et dans leur quotidien que nous trouverons les meilleures raisons et l'énergie la plus disponible pour défendre la cause des mots.

2

Repérer la défaillance langagière

Aborder le problème par un état des lieux aussi général tend à lui donner un tour dramatique. Les chiffres et les discours cités semblent porteurs d'un diagnostic désastreux, propre à alimenter un doute croissant quant aux compétences de notre Éducation nationale. Pourtant, notre but n'est pas ici d'abonder dans la critique facile de cette dernière, mais de faire écho au discours des parents que nous côtoyons chaque jour.

Au cours de nos conférences, il n'est pas rare en effet que des parents s'exclament : « Mais c'est de mon enfant que vous parlez ! On dirait que vous le connaissez ! » Voilà ce qui nous importe ici. Vous aider à repérer l'enfant qui souffre d'une vraie défaillance du langage, qui compromet ses capacités cognitives et peut mettre en jeu son équilibre affectif. Savoir reconnaître cette défaillance potentielle et la souffrance qui l'accompagne relève de notre responsabilité d'adultes. Chez certains, elle est très visible et exprimée ; d'autres, au contraire, auront besoin qu'une relation de proximité harmonieuse soit établie pour s'autoriser à reconnaître et à admettre leur mal-être. Le *manque* de mots est bien un authentique *mal* de mots. À nous, donc, de décrypter les comportements et les paroles qui le traduisent.

Chacun des cas emblématiques qui suivent permet de repérer un enjeu essentiel du travail du langage. Il ne s'agit pas là de saynètes imaginées pour illustrer notre propos, mais d'un florilège de séances vécues avec des élèves en difficulté qui nous ont confié leur détresse. Les enjeux ainsi repérés constituent les fondements de notre pratique. Variations sur un thème ordinaire…

Le texte non compris

« JE SAIS QUE JE SUIS IDIOT »
(XAVIER, 10 ANS)

« Quand je dois lire un texte, je sais que je ne vais rien comprendre ! »

Xavier a tout dit à sa manière : au manque d'un savoir-faire (le « bien-lire ») s'ajoute la certitude que ce déficit est, chez lui, programmé, projeté : « je sais que ». Certes, l'expérience d'échecs répétés valide son constat et ses craintes ; mais anticiper cet échec parasite le processus de lecture lui-même. Rien ne peut donc changer. Xavier se voit comme « le raté de la famille ». Il est le troisième enfant d'une fratrie de quatre garçons, tous ses frères réussissent plutôt bien leur scolarité, le plus jeune en CE2 montre déjà de belles dispositions.

« Que se passe-t-il quand tu lis un texte ? Raconte.

– Je vois plein de mots et je me dis : il va falloir que je lise tout ça, que je comprenne et que je réponde à des questions. Ce sera encore nul, la maîtresse va écrire sur la copie : « Tu n'as pas compris le texte. Lis bien ! »

– Est-ce que tu es gêné par des mots que tu ne connais pas ?

– Ça m'arrive, oui. C'est les phrases parfois, elles sont longues, je perds le fil. Et puis quand il y en a trop qui se suivent, je me rappelle plus ce qui était dit avant. Quand j'arrive au bout du texte, faut que je relise tout.

– Cela t'aide de relire ?

– Pas vraiment : je dois relire vite car sinon, j'ai plus le temps de faire la question. »

Xavier est paniqué par le temps et par une relecture peu productive. La première lecture, on le sait, installe des interprétations ou des manques qui s'ancrent solidement : bien relire, c'est en fait lire comme si c'était la première fois, en lecture « active » et l'esprit libre de toute idée préconçue. Une expérience que Xavier ne connaît pas.

« Xavier a eu un peu de mal à apprendre à lire », racontent les parents. C'était un peu laborieux pour la page de lecture quotidienne. En le comparant avec ses deux aînés on s'est posé des questions, parce qu'avec eux, aucun souci de ce genre. On a même imaginé qu'il y mettait de la mauvaise volonté. Mais on nous disait de ne pas nous inquiéter : la lecture allait venir. Pourtant, peu à peu, on a vu notre petit garçon chercher à se faire oublier, à rester le plus discret possible. »

Se fondre dans la classe. Se montrer le plus sérieux possible. Stratégie gagnante : Xavier est passé en classe supérieure d'année en année ; de justesse, mais il est passé. Jusqu'à ce CM2 où il faut bien envisager l'entrée en 6e et, si possible, dans l'école fréquentée par ses frères, reconnue pour son bon niveau. Mais voilà, le conseil de classe a tranché : « Xavier ne peut prétendre entrer dans ce collège avec un tel niveau de langue. On sait bien qu'il est intelligent. Mais s'il n'a pas les moyens de comprendre ce qu'il doit lire et apprendre… ? »

Que pense le jeune garçon de tout cela ? Avec une lucidité étonnante, il nous dit :

« Je peux rien faire si je connais pas les mots. Si on sait les mots, on réussit tout son travail.

– Et pourquoi on réussit ?

– Parce qu'on sait ce qu'il faut savoir, comme les autres dans ma classe ! Mais mes frères, ils ont tout pris.

– Tout quoi ?

– Tout ce qu'il faut dans la tête pour comprendre les leçons, et lire aussi ! Maintenant ils savent le métier qu'ils veulent faire : chercheurs pour la nature. J'aimerais bien, moi aussi, travailler pour la nature, la mer surtout. Mais je pourrai pas…, je sais pas ce que je vais faire. »

Dans les croyances de Xavier, il sera toujours le raté qui va manquer sa vie. Et plus l'apprentissage devient exigeant, plus il est confronté à l'écrit, plus il se sent perdu. Mis en présence d'un texte narratif court, et malgré tout l'encouragement qui lui est apporté, dès la troisième phrase, il demande s'il peut recommencer dès le début… parce qu'il n'a « rien compris ».

Avec les enfants qui ressemblent à ce petit garçon, les adultes sont confrontés à un problème particulièrement délicat : parler de la difficulté de compréhension, c'est oser parler d'une notion polémique, l'intelligence, et aussi toucher à l'intégrité de sa personne. Comprendre implique en effet la personne tout entière, la fait s'épanouir, grandir et progresser. Soulignons donc ici l'importance que représente la recherche d'outils pour développer la capacité de compréhension et, avant tout, l'outil du langage maîtrisé.

> **ENJEU N° 1** : la construction du sens
>
> *La maîtrise du langage est la condition première de la construction du sens. Pour reprendre la formule d'un professeur des écoles : « problèmes de langage, problèmes partout ».*

La leçon non apprise

« MAIS QU'EST-CE QUE J'AI ? »
(LÉA, 12 ANS)

« J'apprends mes leçons. Je ne peux pas faire plus que ce que je fais. Mais chaque fois, c'est pareil : "Leçon pas apprise" ou "As-tu vraiment appris ? " ou "Un manque de connaissances". Ou aussi : "Beaucoup d'imprécisions"... Pour ce contrôle de SVT, voyez, j'avais bien préparé ; j'avais même fait une fiche, c'est papa qui m'a dit de faire une fiche. Je lui ai même demandé de me faire réciter. Je savais ! Bon, parfois il me redisait les choses avec les mots de la leçon, mais ça changeait rien ! J'avais compris. Et le soir, dans mon lit, j'avais bien relu... »

Léa dit tout cela sur un ton triste. Elle regarde droit devant elle.

« Quelque chose ne doit pas aller dans ma tête. Les autres, ils apprennent, et ça marche. Y en a même qui apprennent pas beaucoup, ils passent bien moins de temps que moi sur les leçons. Ils ont de meilleures notes.

– Cela te fait peur ?

– Oui. J'en suis sûre ; j'ai un problème dans le cerveau. J'arrive pas à retenir, c'est pas normal.

– Qu'imagines-tu avoir dans la tête ?

– Un truc bizarre, une petite boule avec des piques dessus toutes noires, c'est comme un oursin. Elle est bloquée dans le coin de ma mémoire... Et puis, j'en ai marre : on croit que je suis paresseuse. Mais c'est pas vrai… je travaille. Et on me croit pas. Mais qu'est-ce que j'ai ? »

Léa est une petite fille blessée. Mais pour l'instant encore, moins elle est reconnue dans son travail d'apprentissage des leçons, plus elle passe de temps à se préparer aux contrôles : « Je dois travailler beaucoup plus que les autres, si je veux y arriver », ajoute-t-elle, d'une voix toutefois moins assurée. Jusqu'à quand gardera-t-elle cette ténacité avant d'abandonner ?

Ses parents se désolent : « Notre fille ne comprend pas ce qui lui arrive. Ni pourquoi c'est tombé sur elle, et pas sur son frère aîné. Lui, il est plutôt décontracté : il s'en sort très correctement sans faire grand-chose. Elle m'a même demandé si on pouvait faire des examens de sa tête, parce qu'il doit bien y avoir un problème qui explique ses difficultés à retenir ce qu'elle apprend. Elle dort mal. La perspective d'un contrôle peut déclencher une crise de larmes, maintenant. À 12 ans, elle passe des journées de travail que peu d'adultes supporteraient. Quand on voit ses travaux, on est consterné de ne pas y retrouver ce qu'elle avait pourtant montré comprendre et savoir. Son professeur principal, qui nous a conviés à une rencontre, a dit qu'il était prêt à entendre quel travail elle fournissait, mais qu'alors, il se sentait désemparé pour l'aider. Pour lui, ça va s'arranger avec la maturité. Sur son bulletin, il est noté deux fois : "*Attention aux leçons !*" Et aussi : "*Il faut mieux apprendre le cours. Que se passe-t-il pour Léa ? Et qu'est-ce que c'est que cette histoire d'oursin dont elle parle parfois ?* " »

Voilà ce que vit Léa au collège : l'angoisse de se croire atteinte d'une malformation au cerveau. Cette pensée la hante régulièrement. Stupéfiés par l'histoire de l'oursin, ses parents sont très émus. Voici ce qu'il convient de leur proposer : 1/ faire l'hypothèse avec Léa qu'elle apprend ses leçons parasitée par l'idée qu'un « défaut de fabrication » l'empêche de retenir les informations ; 2/ prendre un devoir raté et lui faire dire les réponses aux consignes demandées, comme elle le peut ; 3 / lui poser autant de questions nécessaires pour vérifier qu'elle avait en effet compris et appris sa leçon et 4 / confirmer le travail fourni, lui montrer que les informations apprises sont bien là, comme enfouies, mais que les mots pour le dire ne sont pas mémorisés. Et donc, qu'au moment de la restitution, la mémoire est tout endormie, passive, en berne.

Comme tant et tant d'autres, Léa est en mal de mots pour restituer ce qu'elle sait. Pour construire le raisonnement à suivre, pour valider une affirmation. Elle comprend l'idée, et elle l'apprend, mais elle n'a pas les mots nécessaires pour bien la retenir. Tout son effort mental porte sur la compréhension, et non sur les mots employés pour l'exprimer.

« Comment c'est possible ? demandent les parents. Si elle cherche à bien comprendre, elle est bien obligée de travailler avec les mots qui traduisent les informations à apprendre… » Eh bien, non, devons-nous répondre. Léa a pris l'habitude de prendre le sens des contenus sans faire très consciemment un travail sur les mots qui énoncent ce sens. « Je croyais que ça se faisait tout seul, en même temps. » Il faut rassurer la petite fille : oui, cela peut se faire tout seul, automatiquement, c'est-à-dire sans la conscience du geste. Mais parfois, non. Et ce n'est pas un problème de maladie du cerveau… C'est juste que tu dois apprendre à travailler les mots des énoncés dans les leçons pour déclencher leur mémorisation. Si tu veux que ta mémoire soit une bonne mémoire, il te faut *aussi* travailler les mots de tes leçons. Savoir, donc, pourquoi ces mots-là produisent les significations que tu dois apprendre. Intelligence et mémoire sont deux complices qui se rendent service l'une à l'autre.

Peut-on accepter, alors même que le problème n'est que celui d'un déficit de conscience et de maîtrise linguistique, que les enfants dont Léa est l'archétype ruinent leur quotidien avec cette terrible angoisse qu'ils ont comme un oursin dans la tête ?

ENJEU N° 2 : le travail de la mémoire

Le travail des mots, en activant l'intelligence, active la mémoire.

Quel charabia !

« J'INTÉRESSE PERSONNE ! »
(AMÉLIE, 14 ANS)

Triste, repliée sur elle-même, elle est une habituée des séances de remédiation. Trois années d'orthophonie en primaire, du soutien en maths depuis le début de l'année. (« Je ne comprenais pas les consignes et je ne savais pas rédiger les démonstrations. ») Ajoutons un accompagnement psychothérapeutique pour la réconcilier avec elle-même (« J'ai pas de copains. Qui peut m'aimer ? »).

En cette dernière année de collège, elle se sent incapable d'assumer son entrée au lycée et les difficultés qu'on lui prédit : savoir déchiffrer, analyser, rendre compte du sens d'un texte, et rédiger, rédiger… « Je sais d'avance ce qu'il y aura sur ma copie : "Inexact", "Très mal dit !", "Que veux-tu dire ?", "Charabia !", "On comprend mal !", "Fais des phrases correctes !" »

Amélie est lasse de ces remarques. Puisqu'on ne la comprend pas quand elle s'exprime, à l'école comme à la maison, mieux vaut se taire, pense-t-elle. Mais au collège, impossible d'échapper à l'écrit. « Je sais le sens et je sais pas en parler. Parfois j'y arrive mieux mais on me dit que c'est insuffisant : "Développe ! Sois plus précise !" Mais qu'est-ce que je peux dire de plus ? Et puis, si c'est pour qu'on me reproche que je le dis mal, c'est pas la peine !

– Cela t'arrive aussi quand tu fais des rédactions où tu dois compter sur ton imagination ?

– C'est pire, parce qu'il faut que je trouve les mots toute seule. Au moins avec le cours, j'ai un peu plus les mots. Pourtant, j'ai plein d'idées pour les sujets d'imagination, mais je sais pas raconter. Alors finalement ma rédaction est sans intérêt. "Ton récit reste plat", écrit le prof. En fait je racontais une aventure bizarre qui m'était arrivée, exceptionnelle. C'était ça le sujet.

– Tu penses que tu es restée "inintéressante" ?

– C'est sûr ! J'intéresse personne de toute façon. »

Faute des mots qui lui donneraient réalité et consistance, tout se passe comme si la vie d'Amélie était vide. Face aux autres, elle se sent transparente, sans vraie présence.

« C'est pour ça que je suis toute seule », conclut-elle.

Ses parents entendent pour la première fois la véritable origine du mal-être de leur fille : « Nous sommes inquiets de la savoir sans amies, rarement invitée, et si elle l'est, elle refuse presque toujours, prétextant qu'elle va s'ennuyer ou qu'elle n'aime pas les autres invitées. Elle a un caractère taciturne, c'est un peu de famille. Et depuis quelque temps elle refuse de prendre la parole et surtout de nous montrer ses copies. En pleine crise d'adolescence ? »

Pas seulement. Amélie a bien compris ce qui la trouble : elle n'a pas les mots qui rendent intéressant ce qu'elle pourrait dire, qui attirent les autres vers soi. Elle n'est pas une personne qu'on écoute, elle manque de charisme. Or, précisément, ceux qui jouissent d'une forte capacité verbale ont du charisme. Le fait qu'ils parlent sans savoir ou pour ne pas dire grand-chose importe assez peu ! Elle a bien compris cette règle sociale du langage facile.

ENJEU N° 3 : sa place dans la communauté
Le travail des mots offre le pouvoir de prendre sa place parmi les autres et d'être pris en considération.

Le refus de lire

« C'EST PAS POUR MOI ! »
(THOMAS, 18 ANS)

Les parents de Thomas, élève en terminale ES, ont d'emblée dénoncé son refus de lire. Comme eux, beaucoup de parents se désolent de leur impuissance à transmettre à leur enfant les valeurs du « beau » et du « bon » livre, qui les ont construits eux-mêmes et qu'ils voudraient partager avec lui : « Quel dommage, quel gâchis ! Comment lui faire comprendre ce qu'il manque ? On a plusieurs fois essayé de l'impliquer dans l'achat d'un livre, en dehors des livres obligatoires donnés au lycée. On regarde ensemble sur les étagères ou sur Internet. Cela se termine toujours par la même réaction : “Faites ce que vous voulez. Je rappelle juste que je le lirai pas plus que les autres !” Quand nous rencontrons ses enseignants, et ça dure depuis des années, si vous saviez combien de fois nous avons entendu : “Il faut absolument qu’il lise !” On vous avoue qu’on ne sait plus quoi faire… »

Invité à s’exprimer, Thomas se montre un peu brutal :

« J’aime pas lire, c’est tout. On m’oblige. Je sais que je devrais. Mais ça m’étonnerait que ça change !

– Tu t’ennuies dans la lecture ?

– Non, c’est pas ça…

– Tu as l’impression que rien ne s’anime dans ton esprit ?

– Ne s’anime ? Oui, c’est quelque chose comme ça, c’est comme si… ça ne s’adressait pas à moi. Comme lorsqu’on se sent étranger à une conversation.

– Tu veux dire que l’auteur ne s’adresse pas à toi ?

– Comment ça ? C’est bizarre cette idée !

– Pas vraiment : l’auteur écrit pour chacun de ses lecteurs. C’est donc aussi à toi qu’il s’adresse, qu’il parle avec ses mots.

– Sûrement pas !

– Et pourquoi ?

– Parce que je peux pas recevoir ce qu’il dit. C’est pas pour moi.

– C’est-à-dire, pas pour toi ?

– Parce que je suis jamais sûr de ce qu’il y a à comprendre dans ce qu’il écrit. Je suis pas dans sa tête ! Quand les autres parlent d'un bouquin, ils ont toujours l'air d'être sûrs, de savoir ce que l'auteur a voulu dire. Je sais pas comment ils peuvent l'être.

– Tu as beaucoup d'exemples où tu t'es trompé ?

– J'ai que ça, des exemples ! Sur des livres obligatoires. Et aussi des livres prêtés par des copains, et qu'ils avaient aimés. Pas de chance, ils m'ont pas intéressé.

– Alors, ça veut dire quoi pour toi ?

– Que c'est pas écrit pour moi, et que je peux rien en tirer.

– Et en choisir un toi-même ?

– Non, je peux pas.

– Au cas où tu serais encore celui qui n'a pas su le lire ?

– C'est ça, dit Thomas qui semble un peu troublé.

– Et quand, par exemple, les professeurs donnent le sens d'un livre ? Tu le prends *pour* toi aussi ?

– Non. C'est pas moi qui l'ai trouvé, ce sens. Je l'aurais jamais trouvé d'ailleurs. Et puis, pour un texte littéraire par exemple, je sais pas si c'est pas l'interprétation du prof... Il nous dit ce qu'il fallait penser, mais moi je peux avoir compris autre chose. »

Obstruction à la transmission ? Préjugé selon lequel seul ce qui vient de soi a de la valeur ? Opposition aux parents ? Peut-être. Mais surtout peur de ne pas être de ceux qui comprennent. Faute de maîtrise des mots. Mieux vaut donc s'abstenir que d'en avoir la confirmation désagréable ! Mais en ayant plus ou moins conscience d'être privé d'un outil qui le relierait à lui-même et aux autres.

ENJEU N° 4 : le partage des savoirs

Avoir les mots, c'est partager les significations ; s'entendre sur le sens à donner aux diverses réalités de la vie commune.

Le refus d'écrire

« J'AI RIEN À DIRE ! »
(MARTIN, 9 ANS)

Un entretien avec les parents de Martin nous a conduites à rencontrer sa professeure des écoles. Il y a urgence : Martin refuse d'écrire. « Dès qu'il s'agit en effet de rédiger un petit texte, raconte-t-elle, de répondre à une question, Martin entre dans une agitation terrible : il perd son crayon, malmène son cahier, se tortille sur sa chaise, gribouille sur une feuille de papier. Si je lui propose mon aide, il se trouble encore davantage, écrit quelques lettres, les rature et finalement se renferme. J'ai observé qu'il est incapable de terminer un mot. »

Sa maman confirme : « Chaque soir, à la maison, quand Martin, tant bien que mal, est venu à bout de son travail et sans doute dans son besoin de compenser les efforts fournis (et un mal-être évident) il se jette sur des feuilles blanches et se met à dessiner. Des dessins qui ne sont même pas soignés… Des gribouillages, plutôt, qu'on retrouve d'ailleurs sur ses livres ou ses cahiers d'école. »

Inquiets à juste titre, les parents ont consulté. Martin a été soumis à de nombreux tests visant à identifier un dysfonctionnement dyspraxique et/ou orthophonique. Le diagnostic est clair : il ne relève pas de telles rééducations. Mais il est évident que plus il avance dans sa jeune scolarité, plus il fait de la résistance à l'écriture. « J'aimerais bien écrire », a-t-il cependant dit un jour à sa mère désemparée. C'est ainsi que nous l'avons finalement accueilli. Il a accepté d'aller voir « quelqu'un pour être aidé ». Pourtant, hors de la maison et de l'école, Martin se donne du temps pour avouer sa misère. On sent bien néanmoins qu'il en a très envie.

« J'aime pas qu'on me demande pourquoi je ne veux pas écrire. C'est un peu un secret. Mais si vous allez m'aider, je veux bien vous le dire.

– J'écoute ton secret. Cela va bien m'aider à vraiment t'aider !

– D'accord. Mon secret c'est que, si je veux pas écrire, c'est que… j'ai rien à dire.

– Tu penses que tu n'as rien à dire ?

– C'est pas que je le pense, c'est la vérité ! Je le sais. Alors, qu'est-ce que je peux écrire ? J'ai rien à écrire ?

– Et si tu parlais au lieu d'écrire, ça irait mieux ? Tu aurais des choses à dire ?

– Oui, j'ai des idées dans ma tête, mais je ne peux pas les écrire, sinon elles partent.

– Parce que tu dois faire attention aux mots que tu dois employer ?

– C'est ça justement mon secret. C'est parce que les mots, quand on les écrit, il faut très bien les connaître. Ma maîtresse, elle voit si c'est les bons ou pas ; mais moi je le sais pas à l'avance. Quand on parle, on peut changer de mots ; mais quand il faut écrire, je sais plus ce qu'il faut mettre : les mots, ils font peur.

– Alors ce n'est pas parce que tu n'as rien à dire que tu n'écris pas. C'est parce que tu ne sais pas bien quels mots vont le mieux dire ce que tu sais pourtant. C'est bien ça ?

– Oui, c'est ça… mais c'est la même chose ! »

Non, Martin, ça ne revient pas au même du tout. La peur des mots conduit à leur tourner le dos. Et pourtant, le petit garçon n'a pas tort. Les mots, c'est sournois ; ça change de sens sans prévenir, ça se confond les uns avec les autres ; ça se fait *soutenu*, *rare*, *équivoque*, c'est parfois imprononçable, ou fuyant, rien que pour compliquer la vie ! Il faut que ce soit celui-là et non un autre si l'on veut être bien compris. Même les synonymes, il faut s'en méfier. C'est compliqué, les mots, et quand on est enfin parvenu à trouver les bons, souvent on perd l'idée ! Et à force, les idées, elles ne viennent plus.

Pas d'idée, pas d'écriture. La boucle est bouclée. Point mort !

Bien difficile, face à un tel mal-être d'enfant, de ne pas éprouver quelque colère contre tout ce qui a été mené au détriment de l'apprentissage solide de la maîtrise de la langue.

De nombreux ouvrages sont consacrés aux questions pédagogiques [1]. Ce qui est certain, c'est que répéter sans cesse à l'enfant ou à l'adolescent : "Lis bien ! Veille à ton expression ! Attention à la consigne !" et autres injonctions du même tonneau, tout cela n'est guère productif.

ENJEU N° 5 : le langage et la pensée
La maîtrise du langage est entièrement au service de la pensée et de son expression.

Construction du sens, mémorisation, affirmation de soi, partage des savoirs, façonnage de la pensée et condition même de l'expression écrite : on le voit, les enjeux ne sont pas minces. C'est pourquoi il faut écouter attentivement les jeunes, voire deviner leurs ressentis et leurs croyances ou interpréter leurs silences. Car il leur est bien souvent difficile d'avouer leurs défaillances devant un adulte, *a fortiori* devant leurs parents. Les enfants perçoivent très souvent les manques qui mettent en jeu leurs compétences langagières comme une sorte de tare (et n'allez pas croire que l'on console un enfant en admirant son excellence en gymnastique tandis qu'il a une très mauvaise moyenne dans les matières dites principales, là où « il faut écrire et comprendre ce qu'on lit »). Le silence gardé par votre enfant sur sa souffrance est en soi un appel, une invitation à laquelle vous, parents, devez répondre. Vous serez sans doute profondément touchés par ce qu'il vit vraiment, aux prises avec des difficultés qui se répètent et s'aggravent inévitablement. Faites de cette émotion votre meilleure alliée pour prendre votre place dans la quête des solutions et le travail à engager.

Aujourd'hui, victimes d'une véritable déroute de la langue dans la société, les jeunes n'ont pas conscience des vertus du langage juste, d'une langue façonnée tout au long des siècles par notre histoire et confirmée comme outil de création dans tous les domaines. Et il ne s'agit pas ici de nostalgie passéiste : la conscience aiguë de cet héritage, affirmons-le clairement, n'évacue en aucun cas l'accueil à l'évolution de la langue.

Nous devrions, paraît-il, nous résigner à cet état des lieux, et cesser de croire que le travail des mots a encore sa traditionnelle nécessité. Nous faisons un autre pari. Car se joue là quelque chose d'unique et d'essentiel. Même dans les zones d'éducation dites prioritaires, en grande « insécurité linguistique », comme le dit le linguiste Alain Bentolila, beaucoup de jeunes sont demandeurs d'un véritable enseignement de notre langue, car ils sont conscients de leur image dévalorisée, d'une rupture réelle avec les autres et leur environnement : « Donnez-nous les bons mots », réclament-ils.

Il faut tout faire pour répondre à cette attente, partout.

Et si ce constat est déjà vrai pour des enfants qui sont « seulement » en déficit de maîtrise linguistique, sans dysfonctionnements cliniquement reconnus, que dire de tous ceux qui souffrent de ces troubles, qui n'en sont pas responsables et qui ont à se battre plus que d'autres.

3

La question des dyslexies

Dyslexie, dysphasie, dyspraxie, dysorthographie, dyscalculie… Ces troubles de l'apprentissage bouleversent la vie des jeunes qui en sont atteints. Certains neuropsychologues comme le docteur Glasel, fondateur de l'école du Cerene [1], y ajoutent les troubles de l'attention, de la cognition sociale ou encore les désordres sémantico-pragmatiques – tous diagnostics qui concernent des enfants ayant des difficultés de communication selon un spectre très large, qui s'étend jusqu'aux pathologies autistiques. Quand on accompagne un enfant concerné par ces troubles, il y a de quoi être un peu perdu : que faut-il savoir sur ce qui les distingue les uns des autres ? quel est l'impact de ces pathologies sur sa vie quotidienne ? Il existe sur ces questions une abondante bibliographie spécialisée. Dans le cadre de cet ouvrage, nous nous contenterons de traiter du rôle que peuvent avoir les parents, en dehors d'une prise en charge experte, dans ce véritable parcours du combattant qu'est la conquête du langage par un enfant dyslexique.

On évalue en France à quatre millions le nombre de personnes qui souffrent d'un trouble du langage écrit, c'est-à-dire qui, malgré un apprentissage scolaire, ne maîtrisent pas la lecture et ne sont pas autonomes face à l'écrit en général. Parmi les enfants scolarisés, 4 à 5 % d'une classe d'âge sont atteints de troubles de la lecture. Dans une civilisation où domine l'écrit (que ce soit sur les supports imprimés traditionnels ou sur les nouveaux supports numériques), c'est un sérieux handicap, responsable de parcours souvent douloureux. C'est pourquoi un dépistage précoce est important. La question est très complexe et relève de plus en plus d'une expertise médicale. Voici toutefois quelques éléments-clés qui peuvent éclairer les non-spécialistes sur les difficultés rencontrées par ces enfants pour conquérir et maîtriser le langage, et sur l'attitude qu'il convient d'adopter pour les aider au mieux.

Dépister et accompagner

En France, la reconnaissance officielle de la dyslexie ne date que de 1990. La mise en œuvre d'un plan d'action pour les enfants atteints d'un trouble spécifique du langage écrit (dyslexie) ou oral (dysphasie) date de juin 2001. Il faut savoir aussi que l'incidence de ces troubles est plus grande s'agissant de langues comme le français ou l'anglais, qui possèdent un certain nombre de mots non transparents ou irréguliers (chœur, femme, monsieur) que pour des langues transparentes comme l'italien, l'espagnol ou l'allemand, dont les mots s'écrivent comme ils se prononcent.

Être dyslexique, c'est connaître systématiquement l'effort, la contrainte, la souffrance. Contrairement à un lecteur non atteint par ce trouble, qui lit sans effort tout ce qui lui tombe sous les yeux et n'a aucune conscience des stratégies et des procédures mises en œuvre pour cela, le dyslexique peine à déchiffrer, doit sélectionner ses lectures, éviter les modes d'emploi, les livres un peu épais, les films en VO sous-titrés. Et pour écrire, il se parle dans sa tête, ne visualise pas les mots écrits et doit donc les traduire phonétiquement pour qu'ils prennent forme sous sa plume.

Pour l'enfant scolarisé, c'est une source d'épuisement, d'ennui et de solitude. Il finit par développer des comportements, des postures et des regards qui donnent l'illusion qu'il est présent. Mais son esprit a quitté la classe, s'est envolé au-delà des murs de l'école. Il compense comme il peut le vide ressenti pendant les heures de cours. De tels enfants ont une intelligence normale ou supérieure à la normale, sont indemnes de troubles sensoriels ou psychologiques préexistants (tels que définis par l'OMS) mais, s'ils ne sont pas dépistés précocement, ils peuvent développer des troubles du comportement liés à une faible estime de soi : trop souvent humiliés ou dévalorisés par leurs camarades, minés par des sentiments dépressifs d'insécurité et une anxiété paralysante, ils peuvent réagir par l'opposition, l'agressivité, voire des conduites anti-sociales.

À l'origine de la dyslexie, on trouve parfois une dysphasie non réglée. Si l'acquisition du langage oral semble naturelle, elle implique aussi un certain nombre de compétences qui seront plus tard nécessaires à la lecture. Il y a une dizaine d'années, une étude française menée auprès de 714 enfants dyslexiques a révélé que 46 % d'entre eux avaient présenté des retards de langage dans la petite enfance.

Savoir observer…

Le dépistage est indispensable. Plus il est précoce, plus la rééducation sera utile et efficace. C'est pourquoi vous, parents, devez être particulièrement attentifs à la moindre alerte sur le comportement de votre enfant – surtout si vous avez été vous-mêmes dyslexiques, car, on le sait aujourd'hui, il y a des familles de dyslexiques. Vous devez exprimer votre inquiétude aux professionnels de santé. Le retard sera évoqué lorsqu'un enfant de 4 ans, en moyenne section de maternelle, oublie des phonèmes ou des syllabes à la fin ou à l'intérieur des mots : s'il refuse par exemple son « micament » ou demande d'ouvrir la « pote ». De même s'il remplace certains phonèmes par d'autres, les inverse ou les répète : « nunettes » pour lunettes, ou « trocodile » pour crocodile.

L'appréciation de la signification de tels troubles à ce stade précoce (maternelle ou CP) peut certes être délicate. En effet, toute difficulté du langage n'évolue pas forcément vers une dyslexie, et peut ne traduire qu'une simple maladresse en cours d'apprentissage. Cependant, un bilan phonologique d'évaluation des prérequis à la lecture pourra, à ce stade, estimer le risque d'une évolution défavorable. Un diagnostic ne pourra être porté qu'après un recul d'un ou deux ans devant la persistance d'un échec à la lecture. Un dépistage au CE1 voire en début de CE2 est souvent bien tardif, disent les orthophonistes. Car à 7, 8, 9 ans, l'enfant a déjà accumulé de nombreuses expériences négatives : il est déjà prisonnier de ce qu'on appelle la « dynamique d'échec » et d'une perte délétère de confiance, en soi et en les autres.

... pour mieux agir

Le bilan orthophonique, remboursé à 60 % par la Sécurité sociale, devra être complété par des examens ophtalmologiques, ORL, psychologiques et psychomoteurs (coordination des gestes, motricité, dominante latérale, rythme, perception et organisation de l'espace, grapho-motricité). La prise en charge est donc pluridisciplinaire et spécifique à chaque enfant.

Il faut aussi savoir que, plutôt que de guérir la dyslexie, ces différentes approches permettent d'apprendre à compenser les difficultés et à développer de nouvelles compétences. Sauf pour les cas peu sévères, la rééducation est souvent longue : plusieurs années pendant le primaire, parfois au-delà, entrecoupées de fenêtres thérapeutiques, de pauses pour ne pas lasser l'enfant. Des évaluations régulières mesurent les progrès. Rappelons-nous aussi que les difficultés s'accroissent sous l'effet de la fatigue, d'une baisse d'attention ou du stress.

On sait par ailleurs que les dysfonctions cérébrales impliquées dans la dyslexie varient selon le système d'écriture considéré : l'origine biologique des pathologies n'est pas universelle. Une étude sino-américaine a ainsi montré que les troubles de l'écriture et de la lecture dépendent du système d'écriture : alphabétique en Occident, ou non alphabétique, comme le chinois dont l'écriture n'est pas un code qui permet de noter des sons mais un système d'idéogrammes. La culture a donc aussi une influence sur la biologie du trouble : on a déjà observé des enfants bilingues dyslexiques dans une seule des langues qu'ils parlaient.

Devant la complexité des situations, on peut comprendre le désarroi des familles, aux prises avec le cas spécifique d'un individu particulier. Mais n'oublions pas cet aspect plus heureux : la dyslexie peut aussi devenir un atout. Le cerveau compense en développant une compétence qui permet d'éviter une expérience douloureuse de contrainte et d'angoisse : par exemple en arts plastiques, en mathématiques, ou en arts audiovisuels. Il est donc essentiel de ne pas enfermer l'enfant dans « son problème » ; il doit comprendre que celui-ci est très ciblé, que tout le reste va bien et même que, dans d'autres domaines, il peut avoir un talent exceptionnel.

Et l'écriture ?

L'écriture a une double nature : elle est à la fois motrice et intellectuelle. Contrairement au langage, elle ne dispose pas d'une aire cérébrale qui lui serait dédiée. Mais l'IRM permet de visualiser les centres cérébraux qui régissent les mouvements de l'écriture et la latéralisation. La latéralité manuelle est déterminée au moment de l'apprentissage du langage. C'est pourquoi il ne convient pas de contraindre les gauchers à écrire de la main droite : le risque est de contrarier aussi les aires sensorimotrices et d'entraîner des dyslexies.

Projeter l'enfant dans l'avenir : tout est possible

Le diagnostic posé, il faut aussitôt apporter des réponses. Accompagner l'enfant à trouver sa propre voie, le stimuler sans trop le fatiguer, discuter avec lui, lui permettre de découvrir des lieux ou des personnes liées à ses domaines de prédilection. Lui acheter des livres respectueux de la réalité de ses difficultés, lui faire visionner des films, des documentaires susceptibles de lui ouvrir des horizons où il pourrait se projeter.

Ce seront là des voies de contournement du problème. Différentes des voies plus usuelles, elles doivent s'emprunter lors de la maturation du cerveau : ce dernier est l'organe le plus plastique du corps humain, il mature pendant l'enfance et plus encore pendant l'adolescence où les zones frontales (celles de la mémoire de travail et de l'organisation multitâche) évoluent le plus.

Ainsi, « pas d'affolement, tout est possible », dit le docteur Glasel aux parents concernés, dont le rôle est alors essentiel. Car ils sont les mieux placés pour aider leur enfant à construire la confiance en soi, écouter et encourager ses rêves. Comme celui de « travailler pour les océans », qui guida le parcours difficile de Luc. En classe de 4e, il avait vu et revu le film *Océans* de Jacques Perrin. Il eût été inapproprié et contre-productif de lui demander de préciser ce travail rêvé, mais à ceux qui lui paraissaient dignes de confiance, Luc ajoutait avec malice : « Au moins avec les poissons et dans la mer, y a pas de mots ! »

Certes, mais les mots *aussi* ont eu leur place dans le rêve de Luc chaque fois qu'il souhaitait s'informer, prendre des notes, constituer des fiches sur le monde marin ; car alors, ils semblaient se laisser maîtriser. Il a fallu lui en faire prendre conscience pour qu'il s'étonne lui-même de cette capacité. Maladroite souvent, insuffisante, qu'importe ! Les mots désormais s'adressaient à Luc. Il n'a pas cherché à comprendre « ce petit miracle », comme il le disait. Mais il s'est regardé autrement et a consenti courageusement à un vrai travail pour maîtriser l'écrit. Lorsque notre action a du sens, tout devient possible.

Les limites du « quotient intellectuel »

On croit trop souvent que l'intelligence se réduit à un chiffre, celui du QI (quotient intellectuel). Or les questions qui constituent les tests de QI s'adressent avant tout au même type d'aptitudes que celles qui permettent la réussite scolaire : logico-mathématique et verbale. En ce qui concerne les enfants, le QI est en rapport avec un « âge mental », mesuré par les épreuves que réussit un enfant comparativement aux résultats à ces épreuves des enfants de différentes classes d'âge : ainsi, un enfant de 10 ans qui a les mêmes résultats que la moyenne des enfants de 11 ans aura un QI de 110 (on fait le rapport entre l'âge des enfants auxquels on peut le comparer et son âge réel et on multiplie ce nombre par 100 : ici, 11/10 = 1,1 et 1,1 × 100 = 110).

Les enfants présentant des difficultés d'acquisition du langage seront évidemment fortement handicapés par ce type de tests. Ils y sous-performeront. On sait bien que l'intelligence langagière et logique reste, dans notre société et donc à l'école, un critère de distinction et donc de discrimination rendant l'avenir incertain pour 20 % de la population.

Or il convient de bien souligner qu'il existe d'autres formes d'intelligence que celle que mesurent les tests de QI. Même s'il n'y a pas aujourd'hui de consensus autour de la définition de l'intelligence, retenons néanmoins que la réussite de nos enfants dans l'existence dépend de bien d'autres facteurs que de leur

QI : leurs capacités relationnelles, leurs talents artistiques, leur créativité, leurs capacités sportives, leur dextérité seront autant de formes d'intelligence, à côté desquelles les tests classiques passent complètement.

Unir toutes les forces thérapeutiques

Ne pas renoncer au travail des mots

Redisons-le : notre système scolaire accorde la primauté aux aptitudes langagières. Cela suffirait à faire de l'éducation aux mots l'outil premier de la remédiation scolaire. Mais alors que s'achève la première partie de notre propos, chacun peut déjà concevoir que les bonnes raisons de guider les jeunes vers la maîtrise de la langue excèdent largement la seule réussite scolaire. Qui peut donc sans vergogne dire à un enfant « dys- » : « il y a d'autres voies », et l'abandonner à sa déficience sous prétexte de trop grands obstacles ?

C'est pourquoi, nous disons à l'enfant suivi pour des troubles dyslexiques : « Bats-toi avec les mots, ne renonce pas ! Sache que tu peux aussi avoir accès au pouvoir des mots. Sollicité par une activité pertinente, notre cerveau est capable de changements. Sache bien cela *: il est fait pour apprendre, programmé pour se développer et s'adapter.* »

Nous ne faisons alors que rencontrer son désir profond, tant notre rapport aux mots est une donnée fondamentale de notre existence : quand bien même en effet il croit soulager sa peine et son désarroi en affirmant qu'il peut très bien se passer de ce travail, il ne se leurre guère sur ce système de défense, souvent mis en place dès le plus jeune âge. Il suffit alors de lui tendre la main, et il la saisit en général avec soulagement et confiance. Nous n'avons connu que des enfants en souffrance et désireux d'en sortir, avertis pourtant qu'il leur faudra se battre plus que d'autres. De nombreux adultes dyslexiques témoignent d'avoir cherché et trouvé eux-mêmes des solutions pour ne pas fuir les mots ; au contraire, ils se confrontent à eux à la moindre occasion : « Je ne me bats pas *contre* les mots, dit cet homme de 42 ans, responsable commercial dans une société multinationale. Je les approche tranquillement. Je sais qu'ils ont quelque chose à me dire ! Ils ne sont pas mes ennemis. »

Agir sur tous les fronts

Il faut conjuguer ce qui fait appel à l'imagination de l'enfant (pratiques de créativité), ce qui corrige ses troubles (l'orthophonie), *et* ce qui le met en travail sur le sens organisé par le langage (pratiques de médiation linguistique).

En ce qui concerne les opérations mentales en jeu dans les actes de lire et d'écrire, des chercheurs en neurologie cognitive, animés d'un véritable souci autant de guérison que de pédagogie, ont mis au point des pratiques « autres » très bienvenues, mais malheureusement peu reconnues, et surtout peu appliquées.

C'est le cas notamment de Ghislaine Wettstein-Badour, médecin psychiatre (décédée en 2010) qui s'est totalement engagée dans l'aide aux enfants confrontés à de lourdes difficultés d'apprentissage élémentaire (lecture, écriture ou orthographe) et qui pourtant, en grande majorité, ne présentaient pas de handicaps neurosensoriels ni d'anomalies de nature psychoaffective susceptibles d'expliquer leur échec. Elle est à l'origine d'une méthode alphabétique et plurisensorielle conforme aux conclusions de la communauté scientifique française [2]. Depuis 1987, Ghislaine Wettstein-Badour a mené des recherches appliquées à l'apprentissage du langage écrit (comment l'enfant apprend-il à lire, à écrire ? en quoi l'omniprésence de l'image peut-elle favoriser les difficultés d'apprentissage de la lecture ?). Nous consacrons un document annexe [3] aux résultats de ses recherches et aux textes essentiels qu'elle a rédigés à l'usage des parents, renonçant à faire entendre sa voix auprès des autorités officielles de l'Éducation nationale malgré la rigueur de son travail de chercheuse. C'est avec une grande compassion pour « le parcours du combattant médical et paramédical » de ces enfants différents et de leurs parents qu'elle mena ce combat de toute une vie.

Notre propre pratique reposant sur les bons gestes mentaux qui permettent de saisir comment le sens est produit par les mots, nous ne pouvons que faire écho à un tel travail d'éducation ou de rééducation chez des enfants dont le cerveau n'a pas bénéficié d'un potentiel de plasticité suffisant pour acquérir les réflexes de la lecture et de l'écriture.

Orthophonie, médiation linguistique, neurologie cognitive : vive l'union sacrée des pratiques différentes, qui additionnent leurs propres effets ! C'est un besoin vital pour chaque individu, quelles que soient ses conditions naturelles, sociales ou environnementales, d'être capable de communiquer. C'est-à-dire de posséder des mots producteurs d'un sens qui le relie aux autres. À tout le moins de ne pas en être exclu. Implicite, masquée, parfois niée avec une certaine violence, cette souffrance du « manque de mots » affleure dans tous les entretiens avec les jeunes que nous recevons. Elle devrait imposer aux parents en première ligne, et à tous les éducateurs, un devoir d'éducation linguistique. Encore faut-il, pour mener à bien cette mission, comprendre ce qui la rend essentielle.

Deuxième partie

POURQUOI ÉDUQUER À LA MAÎTRISE DES MOTS : LES PRINCIPES FONDATEURS

Au nom de quoi être, auprès de vos enfants, un éducateur linguistique, un médiateur qui révèle le pouvoir des mots, initie aux valeurs du sens ? S'il s'agit d'entrer en résistance contre tous les obstacles qui menacent cette initiation, sur quels principes fondateurs s'appuyer ?

Avec la maîtrise du langage, avec le souci d'un usage juste et exigeant des mots, s'ouvre un espace immense pour notre action et notre devenir. C'est notre existence même qui est en jeu. Il existe un véritable saut qualitatif entre parler parce qu'on est un être humain, naturellement disposé à cela, et prendre soin du langage, jouer de ses nuances et de ses immenses potentialités.

Avant d'en venir à des conseils concrets pour vous aider, en situation, à réconcilier vos enfants avec les mots (troisième partie), nous nous proposons ici d'évoquer les postulats qui fondent notre pratique – des convictions nourries de la lecture des linguistes, des psychologues ou encore des écrivains qui retracent leurs expériences d'auteur et de lecteur, mais surtout validées par la manière dont les jeunes avec lesquels nous travaillons s'en trouvent transformés. Ces grands principes concernent d'une part ce qui se passe dans l'apprentissage de la langue, lorsque l'enfant naît proprement au langage et au sens, et d'autre part l'importance psychologique et affective du rapport aux mots, la façon dont ils nous construisent à leur tour. Mais avant tout, nous croyons crucial de rappeler que le petit humain, dès sa naissance, vient prendre place dans une civilisation de l'écrit toujours vivace.

1

La civilisation de l'écrit n'est pas morte

Tel est le premier des postulats à poser : il justifie à lui seul que les parents attendent de leurs enfants une conquête solide de la maîtrise des mots. Naître dans une civilisation dont l'écrit scelle les fondations spirituelles et morales (le judéo-christianisme est la « religion du Livre ») et qui en a fait un instrument de progrès aussi bien que de plaisir, c'est être introduit d'emblée dans un monde où les hommes ont établi avec le livre et avec les mots un rapport privilégié. Et malgré les révolutions technologiques qui ont diversifié les supports de diffusion des savoirs, notre société porte encore la trace de cette consécration : il persiste un respect presque sacré pour l'objet livre (« on n'abîme pas un livre ; on ne le corne pas, on n'écrit pas dessus, on en prend soin » sont des consignes en vigueur dans la plupart des familles). Et puis, qu'on le veuille ou non, l'écrit demeure omniprésent autour de nous.

C'est à chacun, dès lors, d'inscrire son histoire singulière avec le langage dans la grande Histoire de la civilisation de l'écrit.

L'écrit est partout

Ce n'est pas le moindre des paradoxes contemporains : mis à l'épreuve par toutes sortes de ruptures, l'écrit reste pourtant dominant dans notre société. Sans doute même plus que jamais : l'école ne valorise que l'écrit et, tous textes confondus, on n'a jamais autant écrit et publié. Quand on demande à Daniel Pennac, infatigable révélateur du bonheur de lire auprès des jeunes, si l'ordinateur aura raison de Gutenberg, il répond : « Non, je ne crois pas que le livre, et plus généralement l'écrit, c'est-à-dire ce voyage intersidéral que nous avons fait pour passer du signe au sens au moment où nous avons appris à lire, soit menacé par d'autres modes d'expression. Ce n'est pas la première fois que l'écrit sera dévoyé par des pratiques minimalistes ou utilitaristes. Mais, après tout, l'écrit est autant dévoyé par un mauvais roman, si ce n'est plus. »

Internet, par ailleurs, a pour effet d'amplifier le nombre de textes offerts à la connaissance, et permet à chacun d'apporter sa pierre à l'édifice commun, en un nouvel avatar du vieux rêve humaniste d'un savoir encyclopédique. Or, pour tirer parti de cette gigantesque masse d'informations, il est plus nécessaire que jamais, rappelons-le, d'avoir la faculté de comprendre, d'évaluer, de faire des choix. C'est pourquoi, aujourd'hui plus encore qu'hier, savoir lire, c'est-à-dire « bien lire », est un impératif absolu.

Une tradition universelle, une histoire personnelle

Pour bien accompagner une personne, quel que soit son âge, dans son histoire particulière avec le langage, il nous faut savoir comment se sont établis leurs premiers rapports. Ils sont parfois d'emblée conflictuels ; mais le plus souvent, l'entente était d'abord très cordiale. Aux yeux des parents et des enseignants, les ruptures, en l'absence de facteur pathologique, apparaissent d'autant plus incompréhensibles et inacceptables.

Notre histoire avec l'écrit commence dès l'âge tendre : c'est l'enfant qui écoute le récit lu par l'adulte, cette magie de la transformation en sons des lettres joliment dessinées sur les pages blanches, et qui ne supporte pas le moindre changement de mot d'une fois sur l'autre. Puis c'est le temps fondateur de l'apprentissage de la lecture et de l'écriture : l'enfant devient à son tour un acteur de la culture de l'écrit. Un jour, à l'adolescence, il comprend que c'est à lui que quelqu'un parle dans un livre, il est touché par des paroles qu'il n'aurait jamais su dire, et qui font écho en lui, comme venant de lui. Et il découvre son désir de mettre ses mots à lui, aussi justes que possible, sur ce qu'il perçoit, pense, ressent.

Chacun de nous, selon son mode propre, perpétue ainsi la tradition universelle de l'écrit (sans oublier, bien sûr, que certaines rares cultures se sont passées de l'écriture).

2

Naître au langage et au sens : Comment nous construisons une compétence linguistique

Si chacun de nous vit une histoire particulière avec les mots, nous sommes tous par nature voués à partager une même prédisposition : l'acquisition et la maîtrise du langage.

La linguistique moderne nous apprend que le nouveau-né vient au monde avec des compétences langagières innées. Il est équipé d'un plan grammatical « pré-câblé » ; tout parler est sous-tendu par une structure grammaticale stable, acquise dès les tout premiers moments de l'apprentissage du langage.

Par ailleurs, c'est dans le cadre d'une *relation* que se développe cette compétence : l'enfant naît au langage parce qu'il veut désigner un objet à quelqu'un, le geste du doigt est alors régulièrement accompagné d'une vocalisation. Comme l'explique Boris Cyrulnik, il relie l'enfant à la fois au monde et à la personne d'attachement à qui il montre l'objet. Il est donc chargé d'affect. « La substance de l'objet est constituée de sens, tissée de paroles ; et c'est pourquoi il est humain [1]. »

Tous les postulats qui suivent, fondateurs de notre pratique, trouvent dans ce préambule leur origine et leur légitimité.

Postulat n° 1 : l'apprentissage rigoureux de la dénotation est primordial.

Les mots sont chargés d'un sens originel, leur dénotation, qui vaut pour tous les locuteurs. Son apprentissage est absolument nécessaire.

À l'âge du « qu'est-ce que c'est ? », l'enfant bombarde l'adulte de questions, auxquelles il répond par un nom. L'enfant s'empare de ce mot et inscrit la chose dans son monde intérieur. C'est par son nom qu'elle y existera : sa nature, sa fonction, ses propriétés sont comme encapsulées dans ce mot. Ainsi dans *piano*, il y a : *instrument de musique-cordes-clavier-touches-sons*… Puis, dans ce nom, il fera entrer toute l'expérience personnelle qu'il aura de la chose, au fur et à mesure de son contact avec elle. D'où l'importance de lui donner dès cette première rencontre le mot juste. Car c'est à travers l'acquisition de ce code qu'il construit le monde qui l'entoure, ainsi que la vision qu'il en a. On imagine bien le chaos que cela peut être si le nom de la chose ne la désigne pas !

Dans *Alice au pays des merveilles*, c'est la première leçon que donne à Alice Gros-Coco (ou Humpty

Dumpty), le truculent spécialiste du langage qu'elle rencontre au chapitre VI [2] :

> – Ne reste pas là à jacasser toute seule, dit le Gros-Coco en la regardant pour la première fois, mais apprends-moi ton nom et ce que tu viens faire ici.
> – Mon nom est Alice, mais…
> – En voilà un nom stupide, déclara Gros-Coco d'un ton impatienté. Que veut-il dire ?
> – Est-ce qu'il faut vraiment qu'un nom veuille dire quelque chose ? demanda Alice d'un ton de doute.
> – Naturellement, répondit le Gros-Coco avec un rire bref. Mon nom, à moi, veut dire quelque chose ; il indique la forme que j'ai, et c'est une très belle forme, d'ailleurs. Mais toi, avec un nom comme le tien, tu pourrais avoir presque n'importe quelle forme !

Être attentif à la justesse des mots que l'enfant acquiert est le premier des devoirs de l'adulte. Bien des malentendus pourront ainsi lui être évités, et avec eux la disqualification qui menace potentiellement tout individu désireux d'apprendre et de prendre sa place dans le groupe. À tout moment, songeons à l'assertion de La Bruyère : « Entre toutes les différentes expressions qui peuvent rendre une seule de nos pensées, il n'y en a qu'une qui soit la bonne », ou encore à ces mots de Maupassant : « Quelle que soit la chose qu'on veut dire, il n'y a qu'un mot pour l'exprimer […] ; il faut donc [le] chercher, […] et ne jamais se contenter de l'à-peu-près, ne jamais avoir recours à des supercheries, même heureuses, à des clowneries de langage […] [3]. »

L'échange se poursuit entre Alice et Gros-Coco, et c'est au tour d'Alice de trouver un nouveau sujet de conversation :

> – Quelle belle ceinture vous avez ! dit Alice tout d'un coup [...]. Du moins, continua-t-elle en se reprenant après un moment de réflexion, c'est une belle cravate j'aurais dû dire... non, plutôt une ceinture. [...]
>
> – Oh ! je vous demande bien pardon ! s'exclama-t-elle, toute consternée, car Gros-Coco avait l'air extrêmement vexé ; et elle commença à regretter d'avoir choisi un pareil sujet. (« Si je savais seulement, pensa-t-elle, ce qui est la taille et ce qui est le cou ! »)

Cette insistance sur la justesse des mots peut apparaître rigide et idéologique. Pourtant, l'exigence d'un langage précis et rigoureux est nécessaire si l'on veut pouvoir partager les significations. Elle relève également de notre besoin de sens, d'élimination du non-sens, qui génère pour sa part bien des inquiétudes.

Si en effet « mal nommer un objet, c'est ajouter au malheur de ce monde », pour reprendre la célèbre formule d'Albert Camus [4], c'est bien parce que l'on refuse d'abandonner les esprits au « n'importe quoi », à l'insignifiance, au sens faux, qui se donnent fallacieusement pour justes et sensés. Mal nommer les choses, c'est ajouter de la confusion à la réalité. Du malentendu innocent au mensonge calculé, la gamme est large. Sans doute aujourd'hui plus que jamais, il faut aider nos enfants à débusquer tout discours captieux, à s'en protéger ; c'est pourquoi les habituer à la rigueur des mots n'est jamais une perte de temps, ni d'énergie.

Postulat n° 2 : le mot n'est pas la chose.

Le mot et la chose : sujet vaste et complexe qui, dès l'Antiquité, accompagne la réflexion sur le langage. Distinguer le mot et la chose, c'est garantir la richesse du langage : c'est reconnaître que les mots évoquent, suggèrent, font entendre des significations bien au-delà de ce qu'ils désignent strictement.

Si le mot, qui par dénotation nomme la chose précisément, est l'instrument par excellence du partage du sens (on sait de quoi on parle, on sait de quoi parlent les autres, on se comprend), il permet aussi l'équivoque et l'ambiguïté, la manipulation, la falsification du réel, ou tout simplement son appropriation subjective (voir postulat n° 4). De façon plus positive, nous soumettons sans cesse le sens des mots que nous employons à de multiples modulations pour tenter de rendre compte des variations et de l'infinie complexité du réel. Le sens multiple des mots, les nuances subjectives dont ils peuvent se colorer, en font une ressource inépuisable et changeante.

Cela étant dit, n'oublions pas, nous, adultes, que pour l'enfant, le mot *est* la chose. Il lui donne un pouvoir magique (au sens où on parle de « pensée magique », selon laquelle il suffit de vouloir une chose pour qu'elle advienne, et qui caractérise un rapport au monde de type archaïque) : celui de rendre présent ce qui est absent, de rendre réel ce qui est nommé.

Mais ce n'est pas si simple, comme le montre l'exemple suivant. Un soir, Manon, 7 ans, devait faire un exercice sur la distinction entre le *é* et le *er* dans les verbes du premier groupe. Selon l'usage courant, son enseignante avait proposé une recette gagnante : remplacer le verbe à bien orthographier par le verbe *mordre*. Or, voici que se présente la phrase : *je veux aid... maman.* Manon écrivit sans hésiter *aidé*. « Non, ce n'est pas ça, lui dit son père... Pourquoi as-tu mis un *é* ? N'as-tu pas utilisé la recette ? – Si bien sûr, répondit Manon, mais je ne peux pas écrire : "Je veux mordre maman." Je ne veux pas ça, je ne voudrais jamais mordre maman, ça peut pas exister... Alors, ça peut pas être le mot *aider*, et donc c'est l'autre ! [*aidé*]. »

Implacable logique d'une petite fille sous l'effet du charme qui efface de son esprit des connaissances scolaires qu'elle a pourtant bien intégrées. La croyance est plus forte que la rationalité : la présence du mot sur la page du cahier, présence bien réelle, matérialisée par les lettres, rend également présente la chose désignée. Or, Manon ne peut concevoir de mordre sa mère : à ses yeux, cela n'a aucune réalité. Donc, la seule façon d'exprimer l'irréalité, l'inexistence, d'un fait nommé par *mordre* est... de ne pas écrire *aider*, mais de le transformer en un autre mot par un tour de passe-passe. C'est ainsi que Manon s'est trompée, pour respecter la seule réalité possible à ses yeux et sauver la stabilité rassurante du monde.

Le mot n'*est pas* la chose : il l'*évoque*. Du même coup, de façon immédiate, spontanée, et particulière à chacun, c'est tout un champ d'évocations qui se présente à l'esprit : son sens originel, délimité, se module de façon souvent surprenante, se prête à toutes sortes de situations, s'augmentant chaque fois de plus de sens, s'enrichissant de chaque variation. Telle est la richesse des mots que, en grandissant, l'enfant doit découvrir.

C'est précisément ce que fait Alice, alors que Gros-Coco vient de prononcer le mot *impénétrabilité*, qui éveille sa curiosité :

> – Voudriez-vous m'apprendre, je vous prie, ce que cela signifie ? demanda Alice.
>
> – Voilà qui est parler en enfant raisonnable, dit le Gros-Coco d'un air très satisfait. Par « impénétrabilité », je veux dire que nous avons assez parlé sur ce sujet, et qu'il vaudrait mieux que tu m'apprennes ce que tu as l'intention de faire maintenant, car je suppose que tu ne tiens pas à rester ici jusqu'à la fin de tes jours.
>
> – C'est vraiment *beaucoup de choses* que vous faites dire à un *seul* mot, fit observer Alice d'un ton pensif. [Nous soulignons.]

Postulat n° 3 : chaque mot nouveau révèle une réalité inconnue.

Enrichir son vocabulaire, se donner des mots nouveaux augmente la perception et la compréhension du réel.

L'enfant troublé par l'étrangeté d'un mot harcèle l'adulte : « Comment ça s'appelle, ça ? Ça veut dire quoi, ce mot ? » Ne pas savoir nommer une chose, ne pas comprendre un mot, c'est comme si une part de son monde se dérobait à lui. C'est avec le plus grand soin qu'il faut alors lui répondre. D'autant plus que, à l'adolescence, l'appétit pour les mots pourrait se déliter : prendre soin de la curiosité inépuisable de l'enfant peut repousser le plus tard possible cette impitoyable échéance ! Mieux vaut éviter de se comporter comme la mère de Colette dans cet épisode qu'elle raconte avec humour dans son œuvre autobiographique [5] :

> Le mot presbytère venait de tomber, cette année-là, dans mon oreille sensible, et d'y faire des ravages.
>
> « C'est certainement le presbytère le plus gai que je connaisse… », avait dit quelqu'un. Loin de moi l'idée de demander à l'un de mes parents : « Qu'est-ce que c'est, un presbytère ? » J'avais recueilli en moi le mot mystérieux, comme brodé d'un relief rêche en son commencement, achevé en une longue et rêveuse syllabe… Enrichie d'un secret et d'un doute, je dormais avec le mot et je l'emportais sur mon mur. « Presbytère ! » Je le jetais, par-dessus le toit du poulailler et le jardin de Miton, vers l'horizon toujours brumeux de Moutiers. Du haut de mon mur, le mot sonnait en anathème : « Allez ! Vous êtes tous des presbytères ! », criais-je à des bannis invisibles.
>
> Un peu plus tard, le mot perdit de son venin, et je m'avisai que presbytère pouvait bien être le nom scientifique du petit escargot rayé jaune et noir… Une imprudence perdit tout, pendant une de ces minutes où une enfant, si grave, si chimérique qu'elle soit, ressemble passagèrement à l'idée que s'en font les grandes personnes…
>
> – Maman, regarde le joli petit presbytère que j'ai trouvé !

– Le joli petit… quoi ?

– Le joli petit presb…

Je me tus, trop tard. Il me fallut apprendre – « Je me demande si cette enfant a tout son bon sens… » – ce que je tenais tant à ignorer, et appeler les choses par leur nom…

« Un mot n'est pas la chose, mais un éclair à la lueur duquel on l'aperçoit », pour reprendre la jolie formule de Diderot. Sans les mots, les choses resteraient impossibles à saisir par le jugement, inconnues et donc manquantes pour établir avec ce qui nous entoure des rapports de sens. Les mots sont la lumière qui nous rend les choses visibles, c'est-à-dire compréhensibles (ne dit-on pas d'ailleurs précisément « je vois » pour signifier « je comprends » ?). Une fois nommées, elles passent de l'obscur au clair, de l'invisible au visible. C'est à cette expérience déterminante que mène le travail sur les mots, fil conducteur de notre pratique.

Postulat n° 4 : le mot s'enrichit du sens qu'on lui donne.

Non seulement le mot n'est pas la chose (en termes linguistiques, le signifié n'est pas le référent) mais le mot lui-même ne se limite pas à son sens dénotatif. Quand nous employons un mot, nous nous l'approprions, nous lui prêtons un sens particulier, représentatif d'un rapport personnel à la langue.

L'enfant développe très rapidement son propre parler, qui dessine sa relation unique au langage et structure ses modes personnels de conceptualisation. Son rapport au réel y gagne en profondeur.

Pour chacun de nous et au gré de nos expériences, le langage contribue à l'élaboration d'un modèle du monde, de cartes qui sont au réel ce qu'une carte géographique est au territoire qu'elle figure. Ces cartes nous sont personnelles, même si, bien sûr, elles sont pour l'essentiel assez superposables à celles de nos contemporains de même culture. Résultant de nos interactions singulières avec notre environnement, elles colorent le réel de modulations et de nuances propres à chacun. Il faut tenir compte de cette réalité neuropsychologique quand on accompagne un enfant dans sa conquête du langage. Il a besoin de saisir que son apport personnel aux connotations d'un mot est intéressant : et pour lui, et pour les autres. Mais aussi de comprendre que certaines de ses « cartes personnelles » peuvent comporter des zones erronées, parce qu'il se serait enfermé avec obstination dans la croyance en un sens arbitraire, coupé de la réalité.

Là encore, Lewis Carroll nous donne une jolie leçon. Alors que Gros-Coco demande à Alice si elle reçoit des cadeaux de « non-anniversaire » et qu'elle s'étonne d'une telle idée, il soutient que c'est à lui de donner leur sens aux mots :

> – Il y a trois cent soixante-quatre jours où tu pourrais recevoir des cadeaux de non-anniversaire… Bien sûr. Et un seul jour pour les cadeaux d'anniversaire. Voilà de la gloire pour toi !

– Je ne sais pas ce que vous voulez dire par là.

Gros-Coco sourit d'un air méprisant :

– Naturellement. Tu ne le sauras que lorsque je te l'aurai expliqué. Je voulais dire : « Voilà un bel argument sans réplique ! »

– Mais : « gloire » ne signifie pas : « un bel argument sans réplique ! »

– Quand, moi, j'emploie un mot, déclara Gros-Coco d'un ton assez dédaigneux, il veut dire exactement ce qu'il me plaît qu'il veuille dire… ni plus ni moins.

– La question est de savoir si vous pouvez obliger les mots à vouloir dire des choses différentes.

– La question est de savoir qui sera le maître, un point c'est tout…

Alice fut beaucoup trop déconcertée pour ajouter quoi que ce fût. Aussi, au bout d'un moment, Gros-Coco reprit :

– Il y en a certains qui ont un caractère impossible… surtout les verbes, ce sont les plus orgueilleux… Les adjectifs, on en fait tout ce qu'on veut, mais pas les verbes… Néanmoins je m'arrange pour les dresser tous tant qu'ils sont, moi !

Le recours à l'absurde sert ici la dénonciation de l'arbitraire qui régit l'emploi des mots. En mettant en garde contre une soumission trop servile aux conventions, l'auteur souligne l'inévitable part personnelle que nous apportons au sens des mots. La revendication de Gros-Coco nous offre quelque chose d'essentiel à penser : les mots ne se limitent pas à un usage juste, rigide et figé. Leur ambiguïté même, leur caractère équivoque multiplient leur puissance évocatrice.

À l'étroit dans une signification bornée et arbitraire, non seulement ils perdent de ce pouvoir, mais ils réduisent et enferment le réel.

Non seulement les mots se chargent de sens divers selon les situations – et nous devons admettre leur ambiguïté comme une richesse –, mais ils s'enrichissent aussi de nos projections personnelles : c'est ainsi que le langage vit en chacun de nous, rend compte de notre vie intérieure, des significations que nous y concevons. Se confirme ainsi le caractère particulier de la relation de chacun avec le langage. C'est précisément à la construction de cette relation que nous devons aider nos enfants.

Postulat n° 5 : jouer avec les mots développe la créativité de l'enfant et sa sensibilité au langage.

Parce que le réel s'offre à nous à tout instant, dans son immensité, les mots sont d'inséparables compagnons. Mais ne nous leurrons pas : entre eux et nous, une fois l'enfance passée, temps béni où les mots sont absorbés comme l'eau par une éponge, sans jugement sur leur valeur, niveau de langue, ou adéquation au réel, c'est ensuite un véritable rapport de force ! Ils nous résistent, et – nous l'avons vu – cette résistance peut devenir une souffrance. Comment transformer ce rapport malheureux en un rapport de plaisir ? En transformant la lutte en jeu : en jouant *sur* les mots et *avec* les mots ; en jouant *aux* mots, de toutes sortes de manières, comme on joue au ballon ou avec un jeu de construction. Les enfants sont très tôt sensibles à ce potentiel créatif, aux joies qu'il procure. Quand ils commencent juste à parler, ils déforment parfois les mots ou même en inventent, à la grande joie de leur entourage ; puis, ils comprennent qu'ils peuvent devenir maîtres du jeu, et que c'est là, pour eux cette fois-ci, une source de plaisir infiniment renouvelable.

S'amuser avec les mots, c'est réinventer le réel, c'est se livrer à l'un de ces jeux de poète auxquels les enfants sont si prompts à s'essayer. Or, plus ces jeux ont été nombreux et partagés avec les adultes dans la joie, plus l'enfant sera ensuite préservé du renoncement au travail et au goût des mots qui touche de nombreux adolescents – affichant librement leur mépris quand ils ont par exemple à interroger le contenu d'un texte, à l'interpréter et à débattre de ses significations : « Je vois pas l'intérêt ! »

Postulat n° 6 : entre parler et écrire, il n'y a pas à choisir.

Parler et écrire sont deux facultés très différentes et complémentaires, qui contribuent l'une et l'autre à la compétence langagière. Elles apparaissent à des stades différents du développement de l'enfant, ne mettent pas en jeu les mêmes fonctions neurologiques, et n'ont pas non plus les mêmes enjeux psychologiques.

Pour autant, il est nécessaire de les travailler parallèlement, sans en privilégier une plutôt que l'autre.

Découvrir sa parole

Tout parent se souvient des efforts à la fois émouvants et drôles de son petit enfant pour « sortir des mots ». De son air étonné et triomphant quand il s'entend prononcer, non plus des sons, du babillage, mais des mots, de vrais mots, et se voit compris. Souvent, au départ, il les déforme : c'est une étape naturelle de son parler, mais l'adulte n'a pas à l'imiter. Sauf pour inventer un code familial, signe de reconnaissance et d'appartenance à un groupe, parlons-lui, et parlons-lui beaucoup, avec nos mots usuels d'adultes : le jeune cerveau est une éponge à mots ! Plus tôt l'enfant est formé au langage juste, plus facilement il en aura l'exigence, et saura jouer avec les différents niveaux de la langue, les glissements de sens, et les néologismes, à l'instar des poètes qui sont inventeurs merveilleux de mots précisément parce qu'ils ont une maîtrise parfaite de leurs significations.

Découvrir son écriture

Nous *sommes* dans notre écriture.

Observons seulement comment l'enfant, en dernière année de maternelle, s'acharne avec fierté à produire les lettres, et ses premiers mots. C'est par un traitement cérébral différent du traitement du dessin qu'il réalise l'acte d'écrire. En effet, les graphismes porteurs d'une signification sonore (expression écrite du langage oral, notation musicale) et même les idéogrammes des écritures non alphabétiques (le chinois, par exemple) sont traités de manière analytique par l'hémisphère gauche, et non pas globale, comme un ensemble, à la différence des images qui sont saisies par l'hémisphère droit. Cela vaut pour tout lecteur, débutant ou non.

Pour des raisons à la fois physiologiques et psychologiques, notre graphisme est aussi personnel et unique que le sont nos empreintes digitales, alors même que les lettres que nous traçons sont communes à tous : voilà encore un fait qui rend notre rapport au langage singulier. Que penser alors de la décision récemment prise par quarante-cinq États américains de supprimer l'enseignement de l'écriture cursive des programmes scolaires obligatoires ? Interrogé par *Le Point*, Jacques Gilbert, maître de conférences en littérature à l'université de Nantes, s'inquiète : « Dans l'écriture manuelle, le corps s'exprime, on voit si le scripteur était en colère, heureux, pressé. Le lecteur peut imaginer la personne et reconnaître dans sa graphie manuscrite dans quel contexte émotionnel elle a été produite. L'écriture sur écran renvoie une image distante. »

Écrire est magique ! Des signes arbitraires rendent présents une personne, un animal, une chose, même celles qu'on ne peut jamais voir comme l'amour, ou la peur. Quelle étrangeté ! Pour les évoquer, il suffit de connaître les lettres qui les figurent. Il suffit de *lire* le mot, et voilà qu'on *entend* ce qu'il nomme, en même temps que l'esprit le conçoit…

Mais en devenant habituel et mécanique, le langage perd de sa magie. Le risque est qu'il devienne un outil comme un autre, purement utilitaire, qui ne nécessiterait aucun soin particulier.

L'oral et l'écrit : une étroite collaboration

Les enfants qui présentent des difficultés à l'écrit s'avéreraient bien souvent à l'aise à l'oral : voici une idée convenue qu'il faut oublier. Il suffirait de s'appuyer sur cette aisance orale pour les faire progresser à l'écrit ? C'est loin d'être une réalité pour des raisons d'ordre à la fois structurel et psychologique. Chacune des deux facultés contribue à nous faire gagner de la compétence linguistique, mais aucune des deux ne doit être privilégiée aux dépens de l'autre, sous prétexte de difficultés.

Le grand atout de l'oral est de donner plus d'assurance. On le dira souvent plus éloquent que l'écrit. Or, ce gain de sens, il ne le doit pas aux seules paroles prononcées, mais à tout ce qui relève de la communication non verbale : mimiques du visage (justement appelées « expressions faciales »), mouvements de tout le corps, modulations de la voix (variations d'intensité, de rythme, de hauteur) effectués plus ou moins volontairement. Les significations du langage oral s'augmentent de tout ce que manifeste le corps tandis que nous parlons, à tel point qu'on s'appuie souvent sur ces éléments non verbaux pour détecter si le locuteur dit vrai ou non… Maîtriser l'oral joue par ailleurs un rôle essentiel dans la relation aux autres. Les intéresser, dialoguer, se faire comprendre d'eux, c'est plus que gagner en confort et en réassurance : c'est construire en soi la dimension essentielle de la personne. Enfin, reconnaissons-le, la maîtrise de l'oral est un bon prologue aux liens que l'enfant doit nouer avec le langage, et profite ainsi au passage à l'écrit. C'est pourquoi il est important de beaucoup parler à un petit enfant, de s'assurer qu'il vous comprend, de l'inviter à s'exprimer, le guider dans sa parole. Cependant, comme nous l'avons dit, tout n'est pas aussi simple. Même pour un enfant à l'aise à l'oral, écrire peut faire peur ; écrire est vécu comme un risque, celui de ne pas savoir « le dire », de donner une mauvaise image de soi (un risque que l'enfant est rarement prêt à prendre). Alors que la spontanéité et la liberté de la parole donnent le sentiment d'être directement en contact avec les autres, de pouvoir rattraper une parole, de s'expliquer davantage, passer à l'écrit, avec la perspective d'échouer à bien rendre ce qu'ils veulent dire, est un obstacle pour certains, difficile à dépasser dès lors qu'il s'ancre dans des croyances délétères. Mieux vaut fuir le travail des mots écrits, qu'ils soient à lire ou à produire : telle est alors la conclusion qui s'impose à eux, plus ou moins consciemment. Les mots écrits laissent une trace, c'est bien connu. Leur caractère visible et ineffaçable nourrit l'appréhension. Même rayer ou gommer nos erreurs nous trahit, puisque cela se voit ! À cet égard, écrire en tapant à l'ordinateur lève volontiers cette inhibition chez beaucoup d'enfants peu à l'aise avec la production écrite : aucune trace visible pour révéler que l'on s'est trompé, que l'on a hésité, que l'on s'est dédit ! On peut oser davantage, prendre des risques : c'est à souligner.

L'écrit, de son côté, mobilise un niveau de conscience supérieur et développe davantage encore la compétence langagière. Écrire, en effet, ne consiste pas seulement à transcrire les mots que l'on prononce ; cela exige une activité plus grande, qui implique l'être tout entier, de trouver les bons mots et la bonne syntaxe qui feront exister nos pensées et nos émotions. Comme l'explique le psychologue soviétique Lev Vygotski [6], l'écrit relève « du degré supérieur de la conscience » dans la mesure où il est « un acte volontaire ». Il obéit à une intention. Penser, s'approprier sa pensée et vouloir l'exprimer conduisent à chercher *comment* la dire, de façon consciente, moins intuitive qu'à l'oral. En conséquence, lorsqu'on a du mal à saisir sa pensée de façon claire et rigoureuse, cette confusion fait obstacle à l'écriture. Et c'est alors que l'on écrit comme on parle. Nous ne pouvons que constater auprès des jeunes, tous âges confondus, que celui qui sait clairement ce qu'il *veut dire*, aura une plus grande aisance à écrire, et correctement et facilement (« Ce que l'on conçoit bien s'énonce clairement/Et les mots pour le dire arrivent aisément », écrivait Boileau en son temps). Mais plus le sens est complexe, plus l'écriture demande d'effort. Et c'est précisément cet effort qui développe la compétence langagière.

Voilà pourquoi le travail de l'écrit mérite tout notre intérêt. Bien au-delà des seules questions de vocabulaire et de syntaxe, il permet aux jeunes de faire l'expérience de ce qui se joue mentalement et psychologiquement dans l'effort de mettre en mots.

Ainsi, entre les deux modes de langage, nous n'avons pas à choisir : certes, le langage écrit n'est pas le simple prolongement du langage parlé ; de l'un à l'autre, il y a un changement d'ordre (un niveau de conscience, d'activité mentale et d'investissement psychologique différent). Mais ce qui est sûr, c'est que plus on travaille les mots pour l'écrit, plus on gagne en matière de communication par la parole. Ce qui n'est pas vrai de l'inverse. Parler et écrire sont à conjuguer : c'est la seule chance de développer et d'affermir nos compétences langagières.

Postulat n° 7 : lire n'est pas seulement déchiffrer.

Impossible dans cet ouvrage de ne pas aborder la vieille, l'épineuse, la troublante question de l'apprentissage de la lecture. Nous avons déjà évoqué la question des « dys », et posé clairement la méthode par laquelle le cerveau apprend à lire. Mais puisqu'il s'agit ici d'énoncer des postulats qui fondent notre travail, contentons-nous de dire ceci : lire n'est pas déchiffrer ; lire, c'est *bien lire,* c'est-à-dire comprendre. Quand les enseignants se désolent que leurs élèves, petits ou grands, « ne savent pas lire » et qu'ils multiplient les rappels d'attention par des « lisez bien » (la consigne, les documents, etc.), c'est bien parce qu'ils voient où se trouve l'origine récurrente des erreurs : dans le « mal lire ». Mais aussi pédagogique se veut-elle, cette invitation est impuissante à éduquer au bien lire. Il faudra donc décrire aux mauvais lecteurs *comment procède* un bon lecteur, nous y reviendrons.

La psychanalyste Marie Bonnafé, membre de l'Association française pour la lecture, nous enseigne que ce ne sont pas les origines sociales ni le niveau de vie qui sont, dans les premières années d'acquisition de la langue écrite et orale, les facteurs des différences entre les enfants : le potentiel de l'enfant reste longtemps préservé. Si ensuite l'enfant vient à manquer d'échanges verbaux portant notamment sur la forme du récit, où se jouent les facteurs fondamentaux de l'écoute et de l'émotion, ce potentiel rend les difficultés réversibles.

La dimension linguistique, parfois un peu technique, des considérations qui précèdent n'aura pas masqué le cœur de notre propos : l'apprentissage et la maîtrise du langage participent à la construction de l'histoire individuelle de chacun. Et l'enjeu est bien celui d'une exigence vis-à-vis de soi et des autres.

Rappelons que faire ainsi l'apologie de la maîtrise du langage n'implique en aucun cas que nous ne souscrivions pas (cela n'aurait aucun sens) à toutes les autres dimensions que chaque enfant construit pour devenir une personne : son développement physique, ses capacités motrices, son équilibre physiologique, ses perceptions, ses modes et rythmes d'apprentissage et d'action, son être émotionnel, ses attachements et ses interactions sociales, ses modes de communication, ses activités symboliques et artistiques…

Il s'agit de prendre la cause du langage dans ses apports *spécifiques* et parce qu'il est manifeste que c'est la dimension langagière qui subit tout particulièrement les conséquences des ruptures auxquelles nous assistons depuis plusieurs décennies. Nous n'affirmons pas que la construction du langage suffit à l'édification du petit d'homme. Mais nous affirmons ce qu'elle lui fait gagner : davantage de vie et d'être.

3

Le langage, c'est la vie : Comment les mots nous construisent

Voici ce que nous enseigne encore Boris Cyrulnik dans *La Naissance du sens :*

> La parole possède une fonction émotive inouïe qui nous permet de pleurer pour un événement survenu il y a vingt ans, ou d'espérer une situation qui ne se présentera que dans dix ans. Le sens, introduisant l'absent dans le présent, peut plonger, par lui, dans un passé dont on ne voit pas de limites, pas plus qu'on n'en discerne à l'avenir.

Les mots s'inscrivent dans nos vies par le sens qu'ils y déposent. Et nos vies prennent sens par les mots qui les racontent. Notre rapport aux mots anime en nous la vie ; par le langage nous gagnons en consistance et en richesse. C'est pourquoi nous autres, adultes, avons le devoir non seulement de prémunir nos enfants contre le mésusage des mots, mais aussi celui de les éduquer à leurs vertus.

Postulat n° 8 : les mots traduisent et enrichissent l'affectivité.

Au contact des mots, notre être affectif gagne en vitalité. Nous aurions pourtant plutôt tendance à rapprocher le langage de la raison, de l'activité rationnelle et discursive du *logos*. Le langage et l'affect sont en général perçus comme incommensurables, voire incompatibles sinon ennemis. Raison et Sentiment. Ce dualisme a la vie dure. D'un côté l'instrument aride de l'activité rationnelle, qui établit des rapports logiques, s'appuie sur les seuls faits objectifs et sur des règles strictes pour expliquer, raisonner, rendre crédible. D'un autre côté, l'affectivité, le sentiment, l'émotion : le cœur rend ses droits à la subjectivité, regarde le réel comme une limite contraignante à son expansion et aime le silence – ou le cri, mais en tout état de cause, il revendique sa dimension ineffable, incommunicable (point n'est besoin de parler, de penser autant !).

Mais c'est oublier que le langage sert la personne tout entière, lieu d'interaction de nos différents « êtres ». Les mots ne sont pas à l'usage exclusif de notre raison. Songeons au poète, qui peut dire comme Michaux qu'il « écrit musique », ou qu'il rêve comme Valéry d'une « pensée dansée » – comme si les mots avaient le pouvoir de se métamorphoser en une autre substance pour signifier ce qui nous anime. Alors, en rendant compte de notre vie intérieure, ils l'enrichissent de nouvelles dimensions.

Par leur pouvoir d'évocation, les mots produisent sur nous des effets similaires à la chose elle-même. S'il faut se garder de confondre le mot et la chose (postulat n° 2), il arrive que nous prenions le mot… au mot ! Au point que l'on prie parfois notre entourage de ne pas en prononcer certains devant nous, ou au contraire de répéter ceux qui nous calment ou nous amusent. *Ténèbres* nous fait frémir ; *foyer* nous réchauffe ; *plage* nous fait rêver… Les mots blessent, mettent en colère, rendent violent ; les mots apaisent, rendent espoir. Une interaction se fait comme automatiquement entre l'acte rationnel qui donne du sens au mot et la réaction émotionnelle qu'il suscite. Profitons donc de toutes les occasions où se joue la relation des enfants avec le langage, comme dans l'exemple de ce papa à qui son petit garçon de cinq ans confie qu'il aime le mot *bicyclette*, qu'il prononce avec une immense gourmandise : loin d'en sourire, le papa lui demande ce qui semble tant le ravir dans son choix. « Bicyclette, c'est comme biscuit », répond l'enfant. Et le papa de l'embarquer dans un jeu d'analogies sonores : chacun à son tour lançait un mot auquel d'autres mots venaient faire écho. C'était à celui qui en trouverait le plus !

Postulat n° 9 : la forme juste et belle a le pouvoir de nous transformer.

Tout jeune, on peut déclarer son amour pour les mots.

Les adultes qui accompagnent la vie d'Hélène, 12 ans, se sentent face à une énigme. Elle semble ne jamais vraiment comprendre ce qu'on lui dit : consignes non respectées, textes mal lus, discussions laborieuses. « Elle n'est pas dans le monde des mots, imagine son père ; on dirait qu'elle ne les aime pas… Mais elle peut difficilement en faire l'économie : c'est essentiel qu'elle parvienne à maîtriser le langage ! » À ces paroles, Hélène réagit violemment, un sentiment d'injustice l'envahit : « C'est pas vrai ! J'aime les mots, et beaucoup même ! »

Une vraie déclaration d'amour ! Impossible de ne pas entendre le message : Hélène aime les mots, obstinément, bien qu'ils ne lui rendent guère ce goût et cet attachement que rien, pas même ses mauvaises notes scolaires, ne saurait défaire.

Hélène aime les mots, *naturellement*. Un mouvement libre qu'elle ne doit qu'à elle-même. La question demeure : comment expliquer l'amour naturel des mots ? Qu'est-ce qui fait ainsi vibrer une petite jeune fille de 12 ans ? Elle sait répondre à cette question : elle aime les sons qu'ils produisent, surtout quand elle les répète, en accentuant le rythme, modulant leur tonalité. Elle aime quand elle perçoit que « c'est bien dit » ; pourtant ce « bien », elle ne saurait pas l'expliquer. Mais il la fait se sentir « toute vivante dedans » : les mots font alors naître des images, des souvenirs, des émotions, « comme si on appuyait sur un bouton ». En classe, elle aimerait beaucoup pouvoir lire, quand le professeur demande un volontaire. Mais elle n'ose pas se proposer : elle craint trop d'avoir à se contraindre à lire « sans le ton, à cause des autres ».

Par la grâce d'une juste intuition, Hélène fait cette expérience fondatrice : un mot, c'est plus que son sens donné par le dictionnaire. C'est une clé qui ouvre sur notre monde intérieur. Et là, il faut être attentif à ce qui s'y passe. Hélène, qui ne sait pas montrer aux autres ce qu'elle est vraiment, sait être attentive à elle-même : non par égocentrisme, mais pour « sentir tout ce qu'il y a au-dedans de moi », dit-elle, pour se sentir très vivante. Mais pour cela, encore faut-il que la forme soit soignée, que ce soit « bien dit ».

Quelles que soient la profondeur ou la justesse d'une pensée, si elle ne se coule pas dans une forme de qualité, elle demeurera balbutiement inaudible, écrit illisible. Les grands penseurs sont aussi, le plus souvent, de grands écrivains. C'est la forme qui donne toute sa force à une idée, et permet sa propagation. Il en va de même pour toute expression : celle-ci sera d'autant plus pertinente, et donc recevable que sa forme sera appropriée à son fond. Et n'est-ce pas là une des principales finalités du langage : être partagé, communiqué ? Nul besoin pour autant de complications formelles, même pour énoncer une pensée complexe : souvenons-nous avec Camus qu'il s'agit le plus possible « d'employer les mots de tous pour être compris de tous ».

Quand la forme se fait belle, il se passe quelque chose qui dépasse la simple communication d'un message. Preuve en est le succès d'expériences pédagogiques heureuses menées par des enseignants d'établissements scolaires qualifiés de « difficiles ». Des élèves d'un lycée professionnel, dans la banlieue nord de Marseille, ont par exemple vécu une véritable initiation en montant la tragédie de Racine, *Phèdre*, sous le regard exigeant et attendri de leurs professeurs de français. C'est à une découverte d'eux-mêmes que les a conduits l'effort de s'approprier le langage codé des lettrés du XVIIe siècle, et l'interprétation de destins d'exception, si étrangers à leur quotidien : ils ne seraient « plus jamais les mêmes qu'avant », ont-ils témoigné. C'est une expérience fondatrice de ce type-là que raconte le film d'Abdellatif Kechiche *L'Esquive* (que vous visionnerez avec profit avec votre enfant), dans lequel des élèves d'une cité HLM de la banlieue parisienne mettent en scène *Le Jeu de l'amour et du hasard* de Marivaux.

Postulat n° 10 : les mots mettent de l'ordre dans notre chaos intérieur.

C'est grâce au langage que l'enfant échappe à la tyrannie de ses impressions, de ses émotions et de ses pulsions. Comme l'explique encore Boris Cyrulnik, l'enfant inter-réagit avec le monde extérieur, comme s'il était confondu avec lui, au gré d'impressions et de stimulations qui s'imposent à lui. Il s'agit donc pour lui de s'extraire de leur emprise, pour se relier à son environnement par un jeu de sens, de plus en plus riche et complexe au fur et à mesure qu'il grandit :

C'est en échappant aux contraintes immédiates des impressions et stimulations provenant du monde extérieur que l'être vivant pénètre dans le monde du sens. Ou, pour mieux dire, cet « échappement » constitue son monde en tant que doué de sens. Cet « échappement » comporte des degrés, qui suivent, pour l'essentiel, ceux de l'échelle animale telle qu'on peut la concevoir aujourd'hui. On peut les qualifier de « degrés de liberté » : la marge s'accroît, le jeu de sens s'amplifie à mesure que l'on « monte », du poisson au chimpanzé [1].

Le langage fait passer de *l'innommé* au *nommé* ; de *l'insensé* au *sensé*. Avec le langage, augmente la conscience que nous avons du réel, en nous et hors de nous. C'est pourquoi, lorsque nous sommes tentés d'y renoncer en affirmant le caractère indicible d'un fait ou d'une émotion : *je ne sais pas quoi ou comment le dire*, jusqu'à soutenir qu'*il n'y a pas de mots*, et que nous renonçons ainsi à l'effort de leur trouver les mots qui leur « vont bien », c'est de notre propre édification à travers cet effort que nous nous détournons. On peut certes préférer le silence, laisser l'émotion *être* en nous, souvent malgré nous, par sa seule force, en dehors de toute mise en forme : seulement ressentir, éprouver, et se taire, ne pas écrire. Et rester sourd à l'appel des mots…

Cet appel concerne pourtant « l'être de langage » qu'est chacun de nous. Chercher les mots, les apprivoiser pour les travailler au corps et les plier à notre volonté, c'est là un désir beaucoup plus partagé qu'on ne le croit ! Avec cette visée commune : comprendre ce qui semble dans un premier temps échapper à sa pensée. Ainsi, quand nous sentons notre esprit « faisant le cheval échappé », qui ne produit que « des chimères et monstres fantasques les uns sur les autres, sans ordre et sans propos », pour reprendre les expressions de Montaigne [2], l'inquiétude nous saisit. Insupportable sentiment d'être dans le désordre, l'insaisissable ! Et comme Montaigne, en remplissant des registres entiers, nous espérons trouver les mots pour le dire, qui y mettront de l'ordre et de la clarté.

Postulat n° 11 : les mots réaniment ce que nous portons en nous à notre insu.

Accompagner l'enfant dans la maîtrise du langage, c'est lui montrer qu'il y a déjà là, en puissance, en nous, tout un univers de significations que les mots viennent éveiller. C'est bien l'expérience déterminante que vécut Tom, soudain mis en présence de ce qu'il ignorait être en lui grâce au mot-clé de la consigne d'une rédaction… qui était aussi un mot-clé de son propre monde !

« "Vous avez été un jour, vous aussi, particulièrement touché par un paysage rayonnant, comme l'écrit l'auteur de ce texte, que vous avez vu comme empli d'êtres imaginaires. Décrivez-le et racontez cette expérience." C'était ça le sujet.

– Et que s'est-il passé ?

– En entendant “rayonnant”, j'ai eu comme un flash ! Je me suis rappelé tout d'un coup quelque chose que j'avais complètement oublié… même, je me suis vu ! J'y pensais plus du tout, à cette promenade ! C'est bizarre… C'est comme si le mot avait ouvert une porte !

– C'était une belle expérience !

– Oui… et pour écrire, j'étais complètement dedans… ce qui m'arrive rarement ! »

Les professeurs de lettres et de philosophie comptent tout particulièrement sur cet éveil chez leurs élèves, quand ils leur proposent des consignes comme : « Appuyez-vous sur votre expérience pour raconter un épisode identique à ce que raconte le narrateur », « Comprenez-vous l'analyse que fait l'auteur de ce sentiment universel ? », « Pourquoi dit-on que l'amour est aveugle ? », « Sommes-nous responsables de nos actes ? » Voilà des termes qui leur *parlent*, disent-ils. Leur manière de l'exprimer va être maladroite, leur réflexion trop courte ; mais quelque chose en eux leur semblera réanimé, comme réveillé. Sans cesse, dans notre travail, nous conduisons les jeunes esprits à éveiller par les mots ce qui y est enfermé : un savoir, un ressenti, un souvenir, qui leur donnent le sentiment heureux et rassurant qu'il y a plus en eux qu'ils ne le croient.

Postulat n° 12 : dans les mots, quelqu'un est présent.

Que les mots ne soient pas des coquilles vides, que leur vocation est de porter, autant que possible, des significations données en partage, c'est déjà pour beaucoup de nos jeunes une idée surprenante. Mais quand il s'agit de textes écrits pour les enseigner (supports de cours, documents scientifiques, historiques, ou textes littéraires), ils ne peuvent concevoir que dans les mots il y a quelqu'un qui a voulu (leur) dire quelque chose, en usant d'outils linguistiques précis ! Trop souvent, leur lecture désincarne les mots, les vide de toute présence humaine, alors même que l'auteur habite son discours. Une voix singulière, un *je* y est présent.

C'est lorsqu'ils font l'expérience d'une prise de parole sincère, animée du désir de défendre un point de vue face à d'autres qu'ils comprennent vraiment qu'une personne est dans ses mots. Et qu'elle se présente aux autres comme un sujet conscient et libre. Dès lors, le souci que l'on peut avoir des mots devient aussi le souci de soi. Songeons aux souffrances de l'enfant « malheureux en mots » : « Je ne suis rien parce que je n'ai rien à dire ; et même si je parle ou écris, je n'intéresse personne. » Autant d'expressions qui traduisent à quel point ces jeunes enfants et adolescents (les adultes, d'ailleurs, n'échappent pas à ce drame intime) doivent travailler à se percevoir comme sujets, affermissant leur confiance en leur estime de soi.

Maîtriser le langage, c'est plus que maîtriser un outil. C'est construire en soi de la vie intérieure. *Une présence* de vie à *présenter* aux autres, qui la reconnaissent comme telle.

Postulat n° 13 : tout signe fait sens et renvoie à une intention.

Tout signe est porteur d'une intention : il n'y a pas de gratuité ni de hasard pour celui qui veut donner du sens à un autre, pour l'auteur qui veut se faire comprendre d'un lecteur.

Nous aimons évoquer une scène savoureuse du film *L'Homme du train*, du réalisateur Patrice Leconte. Un professeur de lettres à la retraite, célibataire, bourgeois de province qui n'a jamais quitté la maison familiale, donne un cours particulier à un jeune adolescent intimidé et passif. Le professeur, inspiré, récite lentement :

> Dans Arle où sont les Aliscams,
> Quand l'ombre est rouge, sous les roses,
> Et clair le temps,
>
> Prends garde à la douceur des choses [3].

L'élève croit comprendre que « où sont les Aliscams » est une question que pose le poète sur ce lieu au nom si mystérieux ; le professeur rétorque un peu vivement : « S'il demandait, il y aurait un point d'interrogation… ! Tu vois un point d'interrogation, toi, là ? » L'élève se penche sur le texte, et, après un silence qui en dit long sur sa perplexité, s'aventure : « Ils l'ont pas mis »… Navré et lassé d'avance, renonçant à amener son élève dans son monde, celui du sens rigoureux et « partageable », le vieil homme préfère renoncer : « Bon, allez, rentre chez toi… on verra ça la semaine prochaine », dit-il non sans tendresse.

Un regard, un geste, un symbole, le trait d'un dessin… : tout est signe, donné à l'interprétation. Mais plus explicite encore, parce que son code est par convention admis par tous les membres du groupe qui le partagent depuis leur enfance, tout outil du langage et de l'écriture est en effet un signe à décrypter. Confrontés à l'exercice de l'explication de texte, les adolescents, même grands, n'en reviennent pas : rien n'est gratuit ni fortuit dans l'emploi des mots. Il leur arrive de douter : « C'est vraiment fait exprès, cette virgule posée là, la place de cet adjectif, cette répétition du même mot ? » demandent-ils sans crainte de paraître tomber de la lune. Mais initiés et habitués le plus tôt possible aux fonctions des signes, ils jouiront d'une disposition qui les servira toute leur vie : une familiarité, une complicité entre eux et le langage installée au plus tôt donne plus de chances au développement de la compétence langagière, et une relation plus juste au réel. Un antidote à la difficulté de si nombreux jeunes à être dans la réalité, dans le « bon » sens.

Postulat n° 14 : comprendre est une joie.

Écouter et lire, c'est découvrir la pensée des autres : c'est un processus au cours duquel le sens passe d'une conscience à une autre conscience. Encore faut-il être capable de comprendre, contrairement à ce qu'exprimait Thomas : « Je peux pas recevoir ce que dit l'auteur. C'est pas pour moi… je suis jamais sûr de comprendre ce qu'il y a à comprendre… » Expression d'une frustration douloureuse : Thomas ne connaît pas la joie de recevoir le sens qui lui est pourtant destiné, la joie de s'approprier la pensée d'un autre tout en sentant sa propre pensée s'augmenter.

Chaque fois qu'un enfant ou un adolescent, à côté de nous, fait l'expérience du passage de l'obscur à la clarté, c'est une même expression illuminée sur le visage ! Fin de l'épreuve ! Joie de s'approprier un sens, de se voir capable de cette appropriation, et de se sentir plus riche de quelque chose, par la vertu de ses propres forces.

Comprendre est une expérience déterminante (il est bon, à cet égard, de garder en mémoire le souvenir d'une expérience réussie, à laquelle se référer en cas de difficulté) : bien loin d'être seulement un acte intellectuel, c'est un temps de la construction et de l'extension du moi.

Postulat n° 15 : la joie procurée par la maîtrise des mots installe un cercle vertueux.

Plus l'enfant ou l'adolescent est capable de sens, plus il aime le travailler. Rien de plus « psychologique » : on aime *faire* ce qu'on réussit. C'est tout simple, et c'est ce que nous aimons lui répéter : « Prends les moyens de faire ce que l'on t'offre ; tu verras alors ce que deviendra ton désintérêt, ta crainte ou ton aversion. » Tout étonné, il constate que ne pas avoir de goût pour une discipline n'empêche pas de la travailler : « Comme ça, c'est facile ! Alors je veux bien le faire… » C'est aller à rebours du classique « il faut aimer pour réussir », argument répété à l'envi et servi sur un plateau par tous les rétifs à l'effort comme une excellente raison de ne pas faire…

Cette idée d'un cercle vertueux qui fonctionne à l'envers de ce que les jeunes ont l'habitude d'entendre ou d'invoquer constitue un pilier essentiel de notre travail. Il nous semble répondre à leur attente quand bien même ils n'en ont pas clairement conscience, quand bien même ils ne savent pas toujours l'exprimer. À nous encore de les amener à voir plus clair en eux. Mais s'ils acceptent le travail proposé, alors nous prouvons que ce postulat n'est pas non plus un *a priori* qui servirait indûment notre propos : le langage nous offre du sens ; et ce sens active le sentiment d'une consistance intérieure. Il nous vivifie.

C'est pourquoi, en s'engageant eux-mêmes à travailler les mots, ils ont beaucoup à gagner, pouvons-nous légitimement leur promettre, car toutes leurs compétences cognitives [4] se développeront.

Postulat n° 16 : la maîtrise du langage sert directement la formation de la pensée.

Le mot, écrivait encore Lev Vygotski, déjà cité, « est un microcosme de la conscience humaine ». En évoquant les choses absentes, en mettant du sens sur les choses, il en permet une représentation qui s'inscrit dans notre conscience. Et de représentation en représentation, c'est tout notre univers mental qui s'accroît (voir postulat n° 3). En développant notre potentiel langagier, nous enrichissons les modalités par lesquelles nous appréhendons et comprenons le réel. Au fur et à mesure que nous maîtrisons les structures de la parole, nous posons les structures de base de notre pensée. Une pensée qui trouve sa forme et sa réalité dans les mots. Mettre en forme le réel, c'est *former* nos modes de pensée. La rigueur de la dénotation propre à chaque mot forme la rigueur de notre pensée ; dans un débat d'idées, sa pugnacité forme notre compétence à convaincre ; dans l'évocation de nos émotions, sa puissance évocatrice forme notre sensibilité et notre imagination.

Postulat n° 17 : le dire avec ses mots n'est jamais vain.

Beaucoup d'entre nous, jeunes ou adultes, éprouvent une saturation face à l'omniprésence des mots, ressentent l'abondance verbale qui nous entoure comme une insupportable contrainte, voire comme une invasion : « Pourquoi faut-il tout le temps dire, écrire ? C'est pas la peine... » Tout n'a-t-il pas en effet déjà été dit, re-dit, re-re-dit ? Les grands thèmes de l'expérience humaine – l'amour impossible, les ravages de l'inégalité sociale, la peur de la mort, la cruauté du temps qui passe, les injustices de l'existence... – sont battus et rebattus depuis toujours. Que dire d'autre sur ces sujets éculés ? Peut-on encore révéler de l'inédit ? Inventer de nouvelles significations ?

Voyons les choses autrement : si tout a déjà été dit, en quoi cela empêche-t-il que chacun, à partir de son expérience et de son langage propres, augmenté et teinté de ce qu'il est, apporte sa pierre à l'édification du sens ? Gageons que tout est à redire, parce que le langage commun, dès lors qu'il est utilisé par une personne devient comme elle : unique. Et ce langage unique, les autres le comprennent !

Plus encore : quand un événement, une réflexion ont un enjeu essentiel pour les hommes et pour le monde, trouver *ses* mots pour en parler n'est-il pas une manière d'affirmer que nous avons pris conscience de leur valeur, et ainsi de prendre sa place dans la communauté ?

C'est pourquoi nous disons aux adolescents : « Tu as aussi quelque chose à dire parce que tu as aussi quelque chose à penser. Par tes mots, le sens des choses à penser est renouvelé, comme l'est une partition musicale à chacune des interprétations dont elle fait l'objet. »

Évoquons ici *Les poissons ne ferment pas les yeux*[5], roman de l'écrivain Erri De Luca, connu pour son engagement contre toutes les formes d'injustice : il raconte de quelles significations déterminantes pour ses choix de vie il chargea, à l'âge où l'on prend conscience des réalités sociales, le pronom personnel *nous* : « J'ai connu alors l'ampleur et le poids du pronom "nous". Il était compétent, il n'excluait pas les autres, il effrayait les pouvoirs. Il apporta dans les prisons les révoltes et les livres qui n'y étaient pas. Les livres sont la plus forte contradiction des barreaux. » *Nous*, un mot donné à tous, dans la bouche de tous, résonna plus fort encore de ce qu'il contient en germe : la puissance de la solidarité humaine.

Postulat n° 18 : pour exprimer avec ses mots, il faut d'abord avoir imprimé ceux qui nous sont transmis.

Si dire avec ses mots est toujours légitime, il y a tout de même un préalable…

Plus il y a de médiation, plus il y a de compétence linguistique, clame le linguiste Claude Hagège. Ne leurrons pas les jeunes apprentis du langage : pour passer maître dans l'art d'user des mots pour s'exprimer, il faut d'abord avoir beaucoup *imprimé* les mots offerts à notre usage. On n'a que trop tendance à attendre des enfants, et plus encore quand ils grandissent, qu'ils s'expriment de façon autonome sans les avoir suffisamment guidés dans l'apprentissage. Et on les prive trop souvent de concevoir le langage comme un jeu dont les règles sont et nécessaires et prometteuses d'un pouvoir qu'ils n'auront pas sans elles. Si pour nous les jeux langagiers, si l'usage riche des mots sont possibles, c'est que, d'abord et sans défaillance, nous avons été exigeants et rigoureux dans leur apprentissage. Si le poète est habile aux mots, c'est que précisément il n'y a pas plus grand connaisseur que lui de l'infinie richesse du langage.

Amusons-nous une dernière fois avec l'étonnante inventivité de Lewis Carroll. Alice se met à réciter à Gros-Coco un poème dont elle ne connaît pas les mots. Elle compte sur l'esprit affûté de son nouvel ami pour les lui apprendre :

> Il était grilheure ; les slictueux toves
> Gyraient sur l'alloinde et vriblaient [6]

En bon pédagogue soucieux des mots, Gros-Coco éduque la petite fille :

> – Il y a tout plein de mots difficiles là-dedans. « Grilheure », c'est six heures du soir, l'heure où on commence à faire griller de la viande pour le dîner.
>
> – Ça me semble parfait. Et « slictueux ? »

– Eh bien, « slictueux » signifie : « souple, actif, onctueux ». Vois-tu, c'est comme une valise : il y a trois sens empaquetés en un seul mot.

– Je comprends très bien maintenant, répondit Alice d'un ton pensif.

Et voilà notre Alice linguistiquement plus riche, plus à même de réciter son poème et, pourquoi pas, d'en inventer un à son tour…

Une conclusion s'impose : le langage est l'objet à transmettre par excellence. Il est affaire de relation, au même titre que toute autre éducation qui vise l'édification de la personne. Parce que la compétence langagière est fondamentalement éducable, et qu'il n'est jamais trop tard (cette éducation peut se faire quel que soit le niveau que possède un jeune), nous avons, nous adultes, et en premier chef les parents, à être des médiateurs de la maîtrise des mots : des « montreurs de signes ». Nous sommes à ce titre responsables devant la jeune génération ; nous pourrions avoir à répondre de nos manquements à son égard, si nous ne répondons pas à l'un de ses besoins essentiels : le besoin de sens.

Certes, la compétence aux mots se développe de son propre mouvement. Mais… à quel rythme et jusqu'à quel niveau ? Menacée et ralentie par quels obstacles (voir première partie) ! Faisons plutôt nôtre cette parole du philosophe Merleau-Ponty : « Plus qu'un héritage, le langage est une tâche. » C'est dire qu'elle doit toucher le plus grand nombre, qu'elle exigera des « médiateurs » des savoir-faire et une patience qui seuls permettront aux « bien éduqués » de tirer toute leur vie les bénéfices de leur apprentissage.

Vous savez à présent au nom de quels grands principes vous engager dans cette mission. Reste à savoir comment le faire, par quels moyens rendre cette très nécessaire transmission efficace, et même, pourquoi pas, plaisante.

Troisième partie

COMMENT ÊTRE UN ÉDUCATEUR LINGUISTIQUE : PARENTS, À VOUS DE JOUER !

Vous aimez les histoires qui finissent bien ? Nous aussi !

À l'école, votre enfant ne suit pas, ne comprend pas ce qu'on attend de lui, se décourage ou se révolte. À la maison, quelques indices vous alertent sur son « mal de mots ». Mais alors, que faut-il faire ? Que faut-il dire ? Et surtout, que faut-il éviter de faire et de dire (l'enfer est si souvent pavé de bonnes intentions !) ?

Notre expérience quotidienne de psychopédagogues est semée de petits drames et d'heureux dénouements ! Nous allons évoquer ici quelques cas particuliers dans lesquels vous ne manquerez pas de reconnaître votre enfant, çà ou là, et des situations emblématiques prises dans le quotidien comme dans la vie scolaire. Comment transmettre le goût des mots et de la rigueur linguistique à nos enfants ? Comment les aider à enrichir leur lexique, à bien lire et pas seulement à déchiffrer, à faire de la grammaire leur alliée, à interpréter, analyser, à réutiliser leurs savoirs, à s'exprimer ? Quelle attitude adopter face à un enfant qui craint les mots, ou qui peu à peu se contente du minimum ; face à un adolescent perfectionniste, toujours inquiet ? Les questions ne manquent pas. Voici les réponses qui feront de vous un « parent-médiateur linguistique », puisqu'il s'agit bien de rester prioritairement un parent. En vous appuyant toujours sur les postulats énoncés dans la partie précédente et qui seront régulièrement rappelés (certains peuvent servir différents projets), nous vous montrerons comment éveiller la conscience linguistique de votre enfant, nourrir son désir de mots, et guider la construction de sa pensée.

1

Éveillez sa conscience linguistique

Les jeunes enfants ont appris à parler, à écrire. À l'école, d'année en année, vous constatez qu'ils ont à écrire davantage. Les responsables scolaires avertissent : « Il y aura de plus en plus de rédactions et de lectures de textes. » Autrement dit : attention à l'enfant ou l'adolescent qui a des difficultés d'expression écrite et de compréhension des textes.

Le « mal de mots » se décline en deux manques. Celui d'abord de compétences langagières : faute de vocabulaire et du sens de la syntaxe, qui organise les mots par les lois de la grammaire, l'élève en difficulté ne comprend pas ce qu'il lit et son expression écrite est pauvre, incorrecte ou même incompréhensible. À cela s'ajoute un second manque : la méconnaissance de la nature si particulière du langage et de ses précieux enjeux. Des enjeux qui expliquent pourquoi le manque de mots laisse tant de jeunes fragiles et désarmés. Mais réparer, pallier ces manques leur paraît si difficile qu'ils ne voient souvent qu'une seule issue : jouer l'indifférence, faire le mort ! La première responsabilité des adultes est de se rappeler régulièrement à quel point les jeunes, y compris les grands adolescents, manquent de mots ; mais plus grave, à quel point ils ne perçoivent pas les mots comme porteurs de sens, comme s'ils les évidaient de leur fonction essentielle, perdant par là jusqu'à la conscience des conséquences malheureuses d'un manque dont ils n'ont plus qu'une perception très vague. « Je tombe de l'armoire, disait un père effondré ; elle n'a aucune idée que les mots, c'est important ! » C'est *la conscience linguistique* elle-même qui est déficiente, sinon inexistante, faute pour l'enfant d'avoir vécu des « expériences linguistiques » suffisantes et déterminantes.

Il s'agit donc d'amener un jeune esprit à une double prise de conscience : la conscience linguistique elle-même et celle de ses enjeux, première étape vers le travail des mots auquel nous le destinons. Dans cette perspective, chaque expérience destinée à constituer un fonds de références sera à vivre *ensemble*, pour constituer une nouvelle dimension de l'histoire commune des parents et de l'enfant.

L'expérience du mot juste : les mots ont un sens

► POSTULAT N° 3 : les mots sont chargés d'un sens originel, leur dénotation, qui vaut pour tous les locuteurs et doit ainsi être partagé.

Rappelez-vous : « Mal nommer un objet, écrit Albert Camus, c'est ajouter au malheur de ce monde. » Qui ne voit en effet les terrifiantes conséquences de cette misère : incompréhensions, malentendus, dialogues de sourds, manipulations… La question du vocabulaire, du code lexical et de son respect est posée. Avant de prémunir au mieux votre enfant contre ces fléaux, *rendez-le soucieux du mot juste !*

Le sens de la nuance

Alexis est en 5e. Son programme d'éducation civique prévoit l'acquisition de la notion de *discrimination*. Un contrôle est annoncé pour le lendemain. Il se lance :

« Discriminer, c'est séparer quelqu'un du groupe dans lequel on vit ensemble parce qu'il est différent, par son physique ou sa culture.

– Tu as bien compris qu'il s'agit de *séparer*, rejeter quelqu'un du groupe, tu as bien compris qu'on le regarde comme *différent*. Mais il y a un mot qui ne convient pas, qui ne dit pas un élément essentiel du sens.

– Ah bon ? C'est quel mot ? Je suis sûr de la définition.

– On va faire une petite enquête, et tu vas toi-même trouver l'intrus !

– Mais j'ai tout dit, même si c'est pas exactement les mêmes mots, c'est le sens qui compte…

– Précisément ! Donc : d'accord pour *séparer du groupe*, d'accord pour les *différences*, mais quel est le mot qu'on n'a pas interrogé ?

– *Parce que* ? C'est la raison qui explique qu'on sépare. Dans la définition, il y a peut-être un autre mot pour ça, mais c'est pareil.

– Attends… La raison donnée est-elle juste dans cette situation de rejet d'un autre ?

– Non ! La discrimination, c'est pas juste : je sais qu'on se donne cette raison, mais elle est pas vraiment une raison.

– Tu veux dire une raison qui vaut pour tout le monde ? Reconnue par tous comme juste ?

– Oui, c'est ça. On utilise ses différences pour rejeter l'autre.

– C'est exactement le sens que contient "discrimination" ! Alors si tu veux l'exprimer, c'est un autre mot qu'il te faut.

– ?

– Tu ne te souviens pas du mot juste ?

– Non… quand j'ai appris la définition, je me suis seulement dit que ça disait pourquoi on discrimine.

– Eh bien, il existe un mot pour exprimer qu'on se donne une raison dans le but de se justifier, mais qui est une fausse raison, un mot qui contient cette nuance : c'est le mot *prétexte*…

– Ah oui ! *sous prétexte que*…

– Un mot a un sens… Si tu cherches le sens d'un énoncé, "fais parler" ses mots ! Il y est ! »

Alexis fait l'expérience fructueuse des *nuances subtiles du sens* : un mot ne peut pas toujours en remplacer un autre sans que le sens soit modifié. Une nuance fait une différence essentielle. Le mot juste n'est donc pas une manie de professeur, d'académicien rigide ou de parent tortionnaire ! Le mot porte une lourde charge : il rassemble les hommes, ou les divise, il introduit les nuances, s'avère un élément essentiel dans la construction du réel.

Un mot pour un autre

En soi, dans le secret, ou donnés à entendre, les mots résonnent. Connus, ils livrent leur sens ; inconnus, ils restent des bruits. Du fait d'une analogie sonore avec d'autres mots, familiers ceux-là, leur étrangeté reste inaperçue ; non reconnus, inaptes à signifier, ils peuvent être pris pour d'autres. D'évitement en évitement, l'enfant finit par faire de ses défaillances un mode habituel.

Parmi tant d'autres, voici deux exemples emblématiques illustrant le postulat de la priorité à donner à l'apprentissage de la dénotation.

Elsa, collégienne en 3e, souhaite travailler sur le commentaire que son professeur a fait d'une page de *La Maison du Chat-qui-pelote*, un court roman de Balzac. Parmi ses notes prises en classe, elle a transcrit dans son classeur cette citation dictée par son enseignant : « La poésie, la peinture et les exquises jouissances de l'imagination possèdent sur les esprits élevés des droits indescriptibles » (à la place de *imprescriptibles*).

Que peut bien signifier pour Elsa *indescriptibles* quand il s'agit de droits ? se demande-t-on non sans curiosité. Un droit, précisément, n'échappe pas à la description, à l'analyse. Mais Elsa ne se pose pas ce genre de questions. Si on la lui pose, elle dira en haussant les épaules : « Je sais pas, moi ! c'est ce que le prof a dit… » Il n'est pas question non plus de disqualifier son erreur : (« Mais ça ne veut rien dire ! »). Mais toute erreur étant pédagogique, il s'agit au contraire de la rendre utile.

À sa classe de 6e, un professeur donne la définition suivante de l'allégorie : « Figure de style qui évoque une abstraction par le biais du concret. » Un de ses élèves, Jules, écrit : « *par le pied* du concret ». Le professeur lui demande de venir le voir après le cours : « Que veut dire *par le pied* dans cette affaire d'allégorie ? » L'enfant n'en a aucune idée, mais il voit pourtant pourquoi l'exemple donné par le professeur est bien une allégorie. « C'est déjà bien, non ? » rétorque-t-il à son enseignant, un peu médusé par sa bonne foi !

La question n'est pas de savoir si c'est « déjà bien » ou pas. Mais d'éveiller à la conscience linguistique. En offrant un nouveau mot, on montre comment il apporte la justesse de son sens à l'idée que l'on cherche à formuler. Mais davantage encore : il s'agit d'alerter Elsa et Jules sur les conséquences de leur absence d'étonnement face au non-sens, qui risque de pervertir leur rapport aux mots, et de compromettre leur désir d'augmenter leur capital lexical. Amusons-nous gentiment avec eux de leur erreur, sans jugement dépréciatif. Mais rappelons-leur ce principe : toute erreur sur un mot peut profiter à guérir du mal de mots. Il est important qu'un enfant repère ses habitudes cognitives, ses systèmes d'erreur, pour progresser.

Mode d'emploi
Pour un lexique plus riche et plus précis

• Ne pas craindre d'employer des mots inconnus de l'enfant, en justifiant leur emploi dans la situation présente : « Tu vois, il y a un bon mot pour signifier ce que tu dis, on le partage ! Il te sera bien utile. »

• Si l'enfant oublie le sens d'un mot, éviter de l'accabler par des remarques offusquées ou un air consterné. L'aider plutôt à se le réapproprier : « Tu ne te souviens pas de ce que ce mot veut dire ? Rappelle-toi : on l'a vu quand... Non ? Eh bien, voilà ce qu'il signifie... Maintenant il est dans ton stock ! »

• Expliquer à l'enfant que tous, nous entendons et comprenons d'abord ce qui nous est familier : c'est normal, c'est plus rassurant. C'est toujours la facilité qui l'emporte ! Mais elle limite beaucoup trop notre action ; il est important de rester ouvert à l'inconnu, d'accueillir des mots nouveaux.

• Lui demander : « Comment as-tu compris ce que tu as entendu ou lu ? Raconte-moi. » Une fois le problème identifié, on peut le résoudre ! Et ne pas hésiter à raconter ses propres mésaventures : « Tu sais, nous donnons tous aux mots un sens que nous croyons juste, et c'est difficile ensuite de le vider de cette erreur. Moi aussi, un jour... »

Le mot invisible et le mot illisible

Comme Anna, 11 ans, votre enfant lit-il trop vite ? Anna présente tous les signes d'un trouble de concentration, mais sans hyperactivité. Elle lit très rapidement, et saute d'un paragraphe à l'autre pour aller au plus vite à la fin du texte. Elle a des connaissances, mais qui n'apparaissent pas dans son travail, faute d'une lecture correcte de la consigne. En maths, par exemple, quand elle lit : « Encadre le nombre 37 par deux entiers consécutifs », pour elle le mot *consécutifs* n'existe pas. « Je l'ai pas vu ! » dit-elle très simplement. Mot invisible !

Mode d'emploi
Observer chaque mot, un par un

• Éviter les injonctions trop générales, du type : « Fais bien attention ! » ou « Lis bien ! » Introduire plutôt le travail par la promesse, positive, d'acquisition d'une méthode efficace : « Tu veux bien lire, et dès la première lecture ? Alors voilà comment s'y prend le bon lecteur… »

• Éliminer l'automatisme d'inattention en demandant à l'enfant de commenter une expérience négative passée : « Te souviens-tu d'expériences désagréables où tu n'avais pas compris ? Rappelle-toi ce qui t'avait manqué. C'est comme ça que l'on est davantage attentif, c'est une recette anti-étourderie ! On sait d'avance ce qu'il faut surveiller. » Mettre des mots sur une erreur ou un système d'erreurs permet à l'enfant de lui donner du sens, de l'inscrire dans son univers mental, et de mettre fin à la croyance en son étourderie, qu'il croit innée et inextricable !

• Prendre les mots un par un, dans leur enchaînement. Tous, même le plus apparemment insignifiant ! Chacun apporte son sens à l'ensemble. Ainsi, pour Anna : « Que te demande "encadre" ? Quel est le nombre sur lequel tu dois agir ? Que signifie "entiers" ? Que signifie "consécutifs" ? As-tu bien travaillé tous les mots ? Bon, tu vas pouvoir passer à l'action : comprendre et exécuter la consigne, en restant très consciente de ce que tu fais. »

C'est la *conscience* que nous mettons dans nos actions qui nous rend plus attentifs et concentrés.

- « Comment te sens-tu d'avoir fait ce qu'il faut pour réussir ? C'est agréable, non ? » Toute expérience positive doit être valorisée pour mieux être mémorisée par l'enfant et devenir un repère, un rappel de ses capacités à progresser et de ses chances de succès.

Ne pas déchiffrer un mot peut relever d'une autre stratégie, plus insidieuse et aussi inconsciente que perverse. Et dans ce cas, les reproches sont inutiles et délétères : la bonne foi n'est pas en cause, parce que le mot est proprement illisible. L'enfant *ne peut pas* le lire, c'est-à-dire que ses yeux ne le *voient* pas. Par un mécanisme psychologique bien connu, la cécité (ou la surdité dans un échange oral) est une réponse automatique à ce qui dérange et/ou fait peur. C'est la stratégie du mot illisible (ou inaudible) parce qu'il est inconnu, son existence sur le papier (ou sur l'écran) est « zappée » !

En voici un exemple éloquent, pris dans une classe de CE2. Les enfants doivent répondre à des questions sur ce petit texte :

> Marie va partir en classe de nature en Normandie, près d'un manège de chevaux. Tout le monde se réjouit ! La maîtresse explique qu'elle souhaite que les enfants découvrent une nouvelle activité : l'équitation ; mais aussi qu'ils apprennent à être responsables. « Vous serez tous responsables des soins dont les chevaux ont besoin : manger, boire, être brossés, soignés et caressés. Vous serez vite des amis ! »

Questions :

1. Quelle nouvelle activité les enfants vont-ils découvrir ?
2. Qu'est-ce que la maîtresse souhaite que les enfants apprennent aussi ?

Une large proportion des enfants a répondu à la deuxième question : « ils doivent apprendre à s'occuper des chevaux », en énumérant les soins à donner. Avant de rendre les travaux, la maîtresse a mené une petite enquête, et elle a compris que certains avaient vraiment lu le mot « responsables », répété deux fois, mais sans le comprendre. Alors que d'autres ont soutenu qu'il « n'y était pas ».

Il ne faut pas l'oublier : le manque de maîtrise des mots peut générer une véritable peur du langage, en tout cas une mésestime de soi difficile à apaiser. À l'âge adulte, cette peur est même parfois à l'origine de phobies sociales. En témoignent les multiples sessions ou ateliers, de plus en plus nombreux et recherchés, qui proposent aux adultes, en emploi ou non, d'acquérir une meilleure maîtrise du langage.

Du mot juste à l'expression de soi

▶ POSTULAT N° 8 : *les mots traduisent et enrichissent l'affectivité.*

▶ POSTULAT N° 12 : *dans les mots, quelqu'un est présent.*

▶ POSTULAT N° 17 : *le dire avec ses mots n'est jamais vain.*

Donner du sens aux mots, découvrir que le sens est bien *dans* les mots, c'est prendre conscience que, chez celui qui dit ou écrit, il y a un *vouloir-dire*, un projet de sens qui l'a conduit à choisir ses mots, dans lequel il s'est impliqué. La conscience linguistique s'éveille de cette expérience répétée. C'est en effet quand ils la vivent avec succès que vos enfants s'écrient, tout ébahis de cette révélation : « Alors, s'il a écrit ça, c'est fait exprès ! C'est pas par hasard… » Ils s'étonnent de savoir identifier désormais dans ses mots la pensée authentique d'un autre, d'accueillir le mot juste qui relie à autrui, et au réel.

En retour, ils sont davantage prêts à se mettre au service de leur propre *vouloir-dire.* Comment les aider à explorer cette relation par laquelle ils se sentent comme prolongés par les mots qu'ils emploient ?

Mode d'emploi
Animer ses mots de sa vie intérieure

• Dans un échange qui implique ses impressions, ses sentiments, des choix à faire – avec donc une forte intensité émotionnelle –, dites à votre enfant ou adolescent qu'il vous aidera à le comprendre s'il tente de trouver les mots dont le sens est au plus près de ce qu'il veut dire. Proposez-lui des termes, qu'il peut d'ailleurs connaître, avoir entendus, mais qui *n'existent pas* dans sa conscience immédiate, faute d'un usage habituel (ou consenti).

• Si un terme est inapproprié au regard de la situation concernée, montrez-lui pourquoi. Dites-lui que nous sommes *dans* les mots que nous employons, comme nous sommes dans nos actes. Et proposez une alternative, en la justifiant aussi.

- Si son expression s'avère laborieuse, ne le laissez pas renoncer sous prétexte de difficultés. Dites-lui qu'il en sera le premier frustré ; qu'il risque de manquer quelque chose de ce qu'il est réellement, de sa richesse intérieure, et que vous le regrettez.

L'expérience des règles du langage expressif : la construction du sens

► POSTULAT N° 14 : *tout signe fait sens et renvoie à une intention.*

La construction du sens par le lexique

Nous partageons avec vous, parents, un autre extrait du roman déjà cité de l'écrivain Erri De Luca, *Les poissons ne ferment pas les yeux*. L'auteur s'y raconte passionné depuis l'enfance par les mots – une passion qu'il a nourrie non seulement par la lecture mais aussi par toute activité ou jeu (comme les mots croisés ou les rébus) qui l'amenait au travail des mots :

> Le sport cérébral est une bonne école d'écriture, il entraîne à l'exactitude du mot qui doit correspondre à la définition requise. Il exclut celles qui sont voisines et l'exclusion est une bonne part du vocabulaire de celui qui écrit des histoires. Le sport cérébral m'a donné le talent jongleur nécessaire aux mots. Ce que je tenais

alors pour un vice solitaire a été au contraire atelier de mécanique de la langue.

Découverte précoce que les mots font bien l'objet d'un travail spécifique, d'une éducation à se donner d'abord de soi à soi, d'un entraînement prometteur d'habileté. C'est en faisant l'expérience de cette *mécanique* que votre enfant gagnera encore de cette conscience que *tout est signe*. Plus encore, en faisant l'expérience que leur dénotation permet d'organiser ensemble un sens cohérent, ils auront un mode d'emploi pour *bien lire*.

À l'occasion d'un coup de pouce pour qu'elle comprenne et apprenne correctement sa leçon sur l'Union européenne, voici comment amener Flora, 13 ans, à la conscience des mécanismes langagiers qui produisent un sens : les mots créent un réseau de sens, convergent vers un même énoncé, renforcé par cet assemblage. Le sens devient… indiscutable !

> La puissance de l'Union européenne est réelle mais *incomplète* : elle est *concurrencée* par les investissements des États-Unis et de l'Asie dans les industries de pointe ; la construction européenne *s'essouffle* ; sa puissance est *limitée* au niveau diplomatique et sa politique de défense *inexistante*.

Mode d'emploi
Faire des liens de sens entre les mots

• Éviter une consigne trop générale comme : « Repère les mots importants. » La guider plutôt pas à pas dans le travail de sélection : « Si tu veux repérer ce que les bons lecteurs savent repérer pour comprendre, il te faut un élément qui permet d'établir des différences et des ressemblances entre les significations des mots, de choisir ceux qui "vont ensemble". Cela s'appelle un critère. »

- La guider : « Tu peux alors sélectionner tous les mots qui évoquent une même idée. »
- L'accompagner : « Tu hésites sur l'un d'eux (par exemple le terme « concurrencée », qui n'évoque pas immédiatement la faiblesse de l'UE) ? On peut discuter : pourquoi peut-il ou non être sélectionné ? » Ce genre de « conflit cognitif », où s'affrontent des opinions, des interprétations différentes est très utile pour développer notre capacité à penser.
- Prolonger : « Que penses-tu de l'emploi de "essouffler" ? C'est une image forte, très convaincante, quand tu penses au sens premier du mot. » On montre ainsi que les mots prennent aussi leur sens en fonction du contexte dans lequel ils sont employés.

La construction du sens par la syntaxe

▶ POSTULAT N° 13 : *tout signe fait sens et renvoie à une intention.*

Les mots produisent du sens non seulement parce qu'ils additionnent leur dénotation, mais également parce qu'ils sont organisés, mis ensemble, selon les règles de la grammaire formelle d'une langue, qui constitue la *syntaxe.*

Mode d'emploi

La grammaire, une « bête noire » à apprivoiser

Dire de façon ferme que la grammaire, objet d'enseignement du primaire au collège, "bête noire" de nos enfants, est l'outil incontournable pour comprendre, apprendre, exprimer, mémoriser... et aussi, pour s'amuser avec les formes du langage, comme le Maître de philosophie le montre au naïf Monsieur Jourdain !

> MONSIEUR JOURDAIN – Je ne veux que ce que je vous ai dit : Belle marquise, vos beaux yeux me font mourir d'amour. [...] Je vous prie de me dire un peu, pour voir, les diverses manières dont on les peut mettre.
>
> LE MAÎTRE DE PHILOSOPHIE : On les peut mettre premièrement comme vous avez dit : Belle Marquise, vos beaux yeux me font mourir d'amour. Ou bien : D'amour mourir me font, belle Marquise, vos beaux yeux. Ou bien : Vos yeux beaux d'amour me font, belle Marquise, mourir. Ou bien : Mourir vos beaux yeux, belle Marquise, d'amour me font. Ou bien : Me font vos yeux beaux mourir, belle Marquise, d'amour [1].

Le plaisir du jeu avec les mots est la récompense d'une bonne maîtrise de la grammaire et de ses règles.

POUR UNE MINUSCULE VIRGULE...
(PETITE HISTOIRE D'UN PROF D'HISTOIRE)

Confronté à la défaillance grammaticale de ses élèves de seconde, un professeur d'histoire raconte : « Voici le sujet de composition que j'ai proposé dans le cadre de l'étude sur la répartition de la population mondiale : “Expliquer pourquoi l’espace du climat tropical, déserté par les habitants de l’Afrique et de l’Amérique du Sud, concentre en Asie 50 % de la population.” Plus de la moitié de la classe a traité dans un premier temps l’abandon de l’espace tropical de l’Afrique et de l’Amérique du Sud, puis la démographie de l’espace asiatique : il y a là un problème de plan, donc de *lecture* de la consigne, c’est ce que j’ai voulu leur montrer. Ils ont compris la phrase comme si, à la place de la virgule, mise parce qu’elle est indispensable là, après “espace tropical”, était écrit *« est » déserté.* Or la virgule a une valeur logique qui organise le sens entre deux éléments, qu’il faut chercher en fonction de l’ensemble de l’énoncé. Ici, elle exprime l’opposition : *alors qu’*il est déserté en Afrique et en Amérique du Sud, *au contraire*, en Asie, le climat tropical est très habité. Je voulais donc qu’ils expliquent cette concentration en référence point par point avec le phénomène opposé, et pas en deux temps séparés. C’était d’autant plus évident qu’un autre indice les aidait : l’opposition entre *déserté* et *concentre* ; il suffisait de bien lire… Au lycée, ils ne savent plus rien de la grammaire, ils pensent qu’elle ne sert plus à rien. »

« Il suffisait de bien lire » : tout le problème est là, en effet !

La consigne se présentait dans une forme concise, et le professeur comptait sur le travail de *tous* les signes qui permettait d’en construire la compréhension de façon sûre. Car comprendre est un *processus*, non une donnée immédiate. Sauf que le bon lecteur, qui comprend dès qu'il lit, n'a pas conscience de ce processus, qui se fait spontanément, par automatisme. C'est quand le sens lui résiste que ce lecteur, tout habile soit-il, obéit lui aussi de façon consciente à ce processus de compréhension.

Après le « coup de la petite virgule », comme cet épisode fut nommé avec humour par l'enseignant et ses élèves, désormais complices, le premier était prêt à renouveler cette expérience d'éducation linguistique à chaque bonne occasion, et les seconds prêts à renoncer aux sempiternels alibis : « On pouvait pas savoir, c'était pas clair ! » « La grammaire, c'est vraiment galère… Et puis on n'en fait plus au lycée, non ? »

Vouloir comprendre et être compris, c'est donc renouer avec LA discipline qui permet une mise en forme univoque : la grammaire. Toute production écrite, personnelle ou effectuée sous la dictée d'un tiers, nous en rappelle la nécessité.

« JE SUIS OBLIGÉ DE ME DIRE TOUT ÇA ? » (LOUIS, 11 ANS)

Louis vient d'avoir 11 ans. Il a appris « normalement à lire », dit son père. Mais la rédaction et les dictées s'intensifiant, ce dernier voit bien que son fils est « déjà passé dans une situation orthographique dangereuse ».

Nous procédons à un petit test pour apprécier et le type de fautes qu'il fait et le discours qu'il se tient dans sa tête pour observer l'agencement des mots et prendre des décisions orthographiques.

« Le pou dansent sur la tête de l'enfant », écrit-il.

« Raconte ce que tu t'es dit, Louis, quand tu as choisi les lettres des mots.

– Le, l-e, eh ben… c'est “le”, le déterminant !

– Parfait.

–“Pou”, p-o-u : je sais que c'est comme ça que ça s'écrit.

– Encore parfait !

– “Dansent”, c'est “e-n-t”, parce qu'il y a toujours plusieurs poux dans les cheveux, jamais un seul ! »

C'est la logique même : le ton est péremptoire. Louis sait qu'il énonce une réalité. Cela l'amuse même beaucoup d'imaginer un unique habitant indésirable dans son épaisse chevelure ! Quel recours pour montrer à Louis que la logique de son monde mental n'est pas l'aune infaillible à laquelle mesurer la réalité ? La grammaire, encore ! Les lois objectives de la grammaire !

« Louis, tu as bien repéré le déterminant du nom *le*. Tu sais quel est le genre et quel est le nombre de *le* ?

– Oui, c'est masculin et singulier.

– C'est bien ça. Peux-tu maintenant prendre vraiment conscience du dernier mot que tu viens de dire en le répétant ?

– J'ai dit : singulier.

– Bien. À quel mot tu relies *le* ?

– À *pou.* J'ai juste ! j'ai mis *pou* au singulier !

– Oui, c'est juste. Et le mot suivant, tu reconnais sa nature grammaticale ?

– C'est le verbe ; le verbe *danser.*

– Quelle question dois-tu te poser pour choisir les terminaisons d'un verbe ?

– Je suis obligé de me dire tout ça ? Bon, d'accord : son sujet est… oups ! faut pas mettre *-ent* ! C'est bizarre ; mais bon, d'accord… je mets juste un *-e*, alors !

– Tu as raison de penser que les poux sont en colonie ! Mais pour l'orthographe, oui, tu es obligé de te dire tout ça, parce que sinon, tu n'es pas dans *la réalité* du sens que les mots construisent. C'est l'avantage de se servir de la grammaire : elle montre ce qui *est* et non ce qu'on *croit être* ! Et puis, tu verras, peu à peu les choses vont fonctionner de plus en plus en mode automatique dans ta tête ! »

La grammaire est la clé du sens, et c'est plutôt quand on en est privés que c'est la galère !

Pour ne pas alourdir ici la démonstration par une présentation du rôle essentiel de cette discipline, première des connaissances établies par la pensée grecque antique comme mère de toutes les autres, nous vous invitons à lire le document annexe consacré au travail d'Élisabeth Nuyts. Chercheur en pédagogie et logopédagogue (pédagogie de la parole), auteur notamment de *L'École des illusionnistes,* qui reçut le prix Enseignement et Liberté en 2002, elle révèle la vision humaniste de son travail lors de ses nombreuses conférences et formations auprès des parents, enseignants et éducateurs. Elle s'est intéressée aux causes et aux manifestations des troubles de l'apprentissage scolaire, tant ils se multipliaient chez ses jeunes patients, et elle a élaboré des outils de prévention et de remédiation dans lesquels la grammaire tient un rôle essentiel. Sans paroles, dit-elle, l'enfant pourrait percevoir le monde ; mais le monde lui resterait extérieur. Il faut lui faire prendre très tôt l'habitude de mettre en mots ses perceptions, la conscience qu'il a de voir, d'entendre, de sentir, de toucher et de manipuler. Il faut l'amener « à parler pour lire et écrire ensuite, à parler pour comprendre et mémoriser consciemment ». C'est à cette condition que l'enfant ne sera pas « dépersonnalisé ».

Mode d'emploi

Accompagner le raisonnement grammatical

• Dire à l'enfant : « Repère les mots-outils qui te montrent par quelles logiques les mots sont reliés entre eux : ces liens organisent des situations grammaticales précises.

• « Tu vois un déterminant ? tu guettes le nom à orthographier. Un nom ? tu guettes son adjectif. Un verbe ? tu le relies au sujet. Un auxiliaire *avoir* ou *être* ? tu le relies au verbe qu'il accompagne pour mettre ce dernier au participe passé et l'accorder selon la situation. Une préposition *à, de, pour et sans* ? tu guettes le verbe qui va peut-être avec pour le mettre à l'infinitif.

• « Tu vois maintenant que *la* réalité n'est pas *ta* réalité ! La grammaire ne peut pas te tromper. Si on lâche la grammaire, on se laisse tromper par l'idée qu'évoquent les mots. Comme le mot *chaque*, par exemple, qui évoque un pluriel mais signifie qu'on prend les éléments un par un, et commande donc le singulier. »

• On peut également retourner l'exercice et demander à l'enfant de formuler lui-même les questions qui vont l'aider : « Quelle(s) question(s) permet(-tent)- elle(s) de raisonner sur tel accord, telle conjugaison ? »

L'expérience de la réussite : la joie de comprendre

▶ POSTULAT N° 12 : *dans les mots, quelqu'un est présent.*

▶ POSTULAT N° 14 : *comprendre est une joie.*

Devenir maître du jeu

« Avant, je parlais, j'écrivais, comme ça, sans me poser de questions. Je lisais, j'écoutais : je comprenais, ou pas. C'était comme si je n'avais pas à faire quelque chose pour comprendre. Mais je vois, en travaillant les mots, que je maîtrise bien mieux le sens qu'ils désignent et le sens qu'ils construisent avec les autres mots. J'ai l'impression d'être à l'intérieur des mots, de voir comment le langage, ça fonctionne ! Avant je croyais que c'était très compliqué, de "maîtriser le langage", et je détestais quand il fallait travailler les textes, comprendre les consignes, la grammaire surtout… Avec les réponses, je me disais : bon, d'accord, c'est ça qu'il fallait comprendre. Mais je ne savais toujours pas comment je pouvais ne pas me tromper. Maintenant, ça m'amuse, ça me fait plaisir de chercher ce que disent les textes. Et même plus : j'aime bien la grammaire ! ça vous étonne, hein ! »

Ce sont là fidèlement les paroles de tous ceux qui, conscients désormais des mécanismes du langage, se voient de mieux en mieux les maîtriser et en tirer profit. Réconciliés avec un objet redouté et donc jusque-là négligé, ils se savent maîtres du jeu, prêts à éprouver pourquoi on peut parler de la *joie de comprendre*.

Aimer comprendre

C'est là un aspect original de notre travail : développer chez les jeunes leur conscience linguistique, faire que le travail des mots représente à leurs yeux « quelque chose » d'important, c'est les conduire à *aimer comprendre* et à consentir à l'effort. En effet, c'est en faisant l'expérience heureuse de la compréhension qu'ils en percevront la valeur. En satisfaisant le besoin de sens propre à l'humanité, ils découvrent souvent des saveurs inconnues, dont ils doutaient même qu'elles puissent exister ; et c'est parce qu'ils y prennent plaisir qu'ils accueillent ensuite naturellement l'idée que le travail qui y mène est essentiel. Et ils s'y mettent plus volontiers dès lors qu'on leur propose des outils faciles, accessibles et « qui marchent ».

Cela dit, aimer comprendre ne suffit pas toujours pour travailler dans la joie. Plus souvent qu'on ne le croit, le plaisir est compromis par une attitude perfectionniste, parfois source de grande angoisse chez les jeunes, et derrière laquelle il y a en général une mauvaise pratique des mots.

Élève de CM2, Madeleine est une enfant intelligente, diagnostiquée « zone supérieure à brillante » sur l'échelle WISC-IV [2]. Ses parents ont souhaité prendre l'avis d'une psychopédagogue, car ils sont inquiets de sa lenteur au travail du soir et du week-end, de son besoin de faire, critiquer, refaire, vérifier, en boucle. Il n'est pas rare qu'elle passe deux heures chaque soir avant de s'autoriser, non sans peine, à fermer livres et cahiers. Elle supporte de moins en moins bien que sa maman lui propose son aide, et les conflits se multiplient sur la question du temps passé aux devoirs. L'enseignante, alertée, fait aussi état d'une certaine lenteur en classe, mais surtout elle constate que Madeleine « se complique, en rajoute », a besoin de relire plusieurs fois de suite la même phrase, la même consigne. « Ça me rassure, dit la petite fille, c'est vraiment important de bien comprendre. Quand je fais ça, je me sens mieux, après. Mais oui, je sais, ça me demande beaucoup de temps. Alors si je pouvais comprendre plus vite, et quand même très bien, je serais drôlement contente ! J'aime bien ça, moi, comprendre… »

Mode d'emploi
En finir avec le perfectionnisme

• S'assurer qu'aucun trouble psychologique n'est en cause (angoisse qui inhibe l'action, besoin de vérification en rapport avec une névrose obsessionnelle) et, au besoin, avoir recours à une aide psychothérapeutique.

• Lui expliquer : « Si on veut rendre sûre sa réflexion, en finir avec tout ce temps passé à hésiter, douter et vérifier, on doit apprendre à décrypter l'enchaînement des mots : on s'appuie alors sur les liens de sens entre les mots (le travail du lexique) et sur les rapports logiques qui organisent les contenus énoncés (la construction du sens par la syntaxe). »

• Lui dire aussi que, quand nous relisons, nous ne changeons pas d'interprétation : « Nous répétons en général la même lecture, car il nous est très difficile de concevoir que nous nous sommes trompés. C'est pourquoi nous ne *voyons* pas nos erreurs à la relecture, ce qui étonne toujours les autres ! Il vaut donc bien mieux se donner les moyens de bien lire du premier coup. »

• Ne pas accepter l'idée selon laquelle « c'est une bonne chose de faire un petit aménagement de temps pour les enfants lents ». C'est en effet à double tranchant : on valide la croyance de l'enfant et on l'enferme dans son problème.

Pour que votre enfant retienne surtout la joie de l'effort de comprendre, rendez-vous au chapitre III : « Guidez la construction de sa pensée ».

Découvrir les vertus de la rigueur

Les remarques qui pointent l'absence de rigueur pleuvent sur les copies : « Trop d'approximations », « Trop vague », « Flou ! », « Imprécis », « Soyez plus rigoureux ! ». À juste titre, certes. Mais la question reste toujours la même : comment guider les esprits accoutumés au flou, désemparés mais bien souvent résignés à la fatalité d'une telle défaillance ?

Il est un exercice imposé qui offre une parfaite occasion de les amener à la conscience des vertus de la rigueur langagière : l'apprentissage de définitions qui, par nature, ne souffrent pas d'approximations.

Prenons l'exemple d'un élève de 4e qui doit apprendre les propriétés du triangle rectangle, en mémorisant notamment la définition suivante : « Si un triangle est rectangle, alors la longueur de la médiane relative à son hypoténuse est égale à la moitié de la longueur de son hypoténuse. »

Comme votre enfant a compris (voir plus haut) que le sens est produit à la fois par la signification des mots (dénotation) et par leur organisation selon les règles de la grammaire (syntaxe), nous allons le guider comme suit. D'abord, on travaille sur le sens des mots, dans leur ordre d'apparition :

« Quel est l'indice qui te dit qu'il s'agit d'un triangle rectangle ?

– L'angle droit.

– Que signifie *médiane* ?

– La médiane d'un triangle, c'est une droite qui joint un sommet au milieu du côté opposé.

– Sais-tu ce que signifie l'adjectif "relatif/ve" ?

(Pour ne pas interrompre la démarche et risquer de le lasser, lui donner la définition s'il ne la connaît pas, à condition qu'il l'intègre dans son "lexique intérieur", son capital de mots disponible : qui concerne, qui est en lien avec).

– Et *hypoténuse* ?

– C'est le côté opposé à l'angle droit.

– Quels mots t'indiquent que l'on te donne un outil pour mesurer ?

– *Longueur, égale, moitié, longueur.*

– Quel est parmi eux le mot qui détermine l'opération de calcul que tu dois faire ?

– *Moitié.* »

Dans un second temps, on passe aux liens établis par les lois de la grammaire :

« Quels sont les mots-indices qui organisent les deux propositions de cette phrase, et pour servir quelle logique ?

– *Si* et *alors* : ils servent la logique de la condition qui entraîne une conséquence.

– Quel lien logique le sens de l'adjectif *égal* établit-il ?

– Un lien entre au moins deux éléments. Et ils ont la même mesure. Donc si je dis pas à quoi une chose est égale, ça veut rien dire (beaucoup d'enfants s'arrêtent après avoir employé des termes qui n'ont de sens que s'ils sont suivis de leur complément : adjacent *à*, parallèle *à*, relatif *à*…). »

C'est comme un jeu de construction ! Le lego des mots. Or, tous les jeux ont des règles ; les enfants sont les premiers à le savoir : eux-mêmes n'inventent pas de jeu sans déterminer et imposer ses règles ! Et, pas plus qu'ils ne les éprouvent comme contraignantes, pas davantage désormais, en faisant l'expérience de la facilité avec laquelle ils comprennent et ainsi apprennent, refusent-ils les règles du langage. Au contraire ! La rigueur linguistique leur apparaît sous un jour amusant, voire étonnant ! Même s'ils n'en retiennent que l'aspect utilitaire, ils auront déjà beaucoup gagné !

Mode d'emploi
Lire avec rigueur

• Jouer les naïfs et montrer comment on interroge les mots, comme si vous-mêmes ne compreniez pas l'énoncé. C'est d'ailleurs toujours intéressant de se poser réellement la question : comment moi-même je comprends cet énoncé, quels signes, quels indices me servent à comprendre ? Ainsi, on peut guider l'enfant par une suite de questions lui donnant à son tour à repérer et à interpréter les signes (du lexique et de la syntaxe) qui portent le sens, qui sont les outils d'expression choisis pour que le destinataire comprenne. Éviter absolument, en revanche, de traduire la consigne pour lui, de la lire à sa place.

• Expliquer à l'enfant : « *Bien lire* n'est possible que par une démarche, par laquelle nous construisons dans *notre* pensée exactement le *même* sens que celui qu'a voulu produire l'auteur des énoncés. »

• Valoriser et ancrer le succès : « Je vois dans tes yeux qu'*avoir compris* te fait vraiment plaisir : raconte-moi cette joie-là ! » Lui permettre la joie et le soulagement de la réussite le rendra plus confiant et plus ouvert.

Si quelque chose motive le désir d'enseigner et d'éduquer, c'est bien cette joie qui illumine le visage de celui qui comprend. Le jeune qui est arrivé devant nous pour la première fois l'air fermé laisse paraître peu à peu des signes d'apaisement et de réassurance : un encouragement roboratif à chaque fois ! Il faut l'observer en train de réussir : on le voit d'abord tenir quelque chose, et désirer poursuivre ; il sait ce qu'il a à faire ; pas à pas, il avance vers un but : *avoir compris* ! Et au bout du travail, victoire : il *saisit* le sens ! Il le possède au point de savoir le penser par lui-même, comme s'il venait de lui. Et de fait, c'est par ses propres gestes mentaux qu'il a pu construire ce sens.

Vous souvenez-vous de Xavier, le petit garçon qui se croyait « idiot » ? Vous savez certainement comment une telle croyance peut ruiner une existence, et comment l'entourage peine à aider tout particulièrement l'enfant et l'adolescent qui y sont enfermés : « Il ou elle n'est peut-être pas fait(e) pour des études abstraites ou supérieures… », entendons-nous parfois des parents eux-mêmes.

Et si l'on commençait par le début : apprendre d'abord à savoir dire, recevoir et communiquer, au-delà des divers types d'intelligence et d'aspirations. Et s'en remettre au travail fécond des mots. Voilà un principe simple, utile, et qui a l'avantage de rassembler tout le monde !

Ces expériences heureuses ont un effet vertueux. La conscience de ce que sont les mots, de leur vocation, de leurs fonctions, du pouvoir qu'ils offrent et donc de l'usage que l'on en peut faire réduit la peur qu'ils inspirent et encourage à l'effort d'un travail exigeant mais prometteur. L'enfant se rend alors disponible pour recevoir l'éducation linguistique.

Encore faut-il créer les conditions qui favorisent cette bonne disposition.

2

NOURRISSEZ SON DÉSIR DE MOTS

La conscience ainsi éveillée, votre enfant est prêt pour la seconde étape de son éducation aux mots : celle où il va s'approprier, rendre actif et vivant ce que vous lui apportez. Et puis un jour, il sera autonome, créateur et responsable de son potentiel linguistique.

Pour semer, transmettre, tous les moyens ne sont pas d'égale valeur. Et même, tous les moyens ne sont pas permis ! Mais rappelez-vous : c'est en tant que parents que vous vous positionnez. Votre enfant est réfractaire à la manière dont parfois vous vous substituez à ses enseignants, que ce soit dans votre attitude ou dans vos paroles ? Il a raison. Vous êtes ses parents, et précisément en vertu de ce lien, vous disposez de modes d'action spécifiques et efficaces.

Savoir transmettre

► POSTULAT N° 18 : *pour exprimer avec ses mots, il faut d'abord avoir imprimé ceux qui nous sont transmis.*

Trouver la bonne posture

On parle aujourd'hui d'une « crise de la transmission ». C'est un phénomène multifactoriel et complexe, qui concerne particulièrement les savoirs qualifiés de « traditionnels ». On y voit tout de même deux causes essentielles : d'une part la contestation de la part de l'enfant et de l'adolescent, qui ont d'autres sources d'influence que celles de la famille et de l'école ; d'autre part la suspicion de l'éducateur lui-même envers la transmission verticale, c'est-à-dire l'exercice d'une autorité surplombant l'enfant et l'abreuvant de savoirs et de préceptes qu'il n'a plus qu'à recevoir et accepter comme inaltérables.

« Si elle pouvait avoir notre passion des mots, se désolent les parents de Lise. Elle est née dans une maison avec des livres, nous voit lire, nous entend parler de nos lectures, rappeler des souvenirs de découvertes formidables de bons auteurs. Mais elle résiste à toutes nos tentatives de séduction, c'est l'indifférence totale : est-ce contre nous ? Que peut-on faire ? » Comme ces parents, vous ne comprenez pas, vous êtes déçus, et c'est bien légitime. Faut-il croire avec Sigmund Freud que, tout comme psychanalyser et gouverner, éduquer serait un « métier impossible [1] » ? Parents et éducateurs, serions-nous aujourd'hui dans l'incapacité de transmettre notre expérience, nos valeurs et nos savoirs, et de permettre à nos enfants d'en faire bon usage ? Et s'il s'agissait d'abord de trouver la posture adéquate pour établir une bonne relation de transmission ?

Mode d'emploi
La bonne posture pour transmettre

• Garder à l'esprit ceci (certains parents finissent par éprouver la peur de transmettre) : le parent est celui qui sait et est légitimement autorisé à délivrer son savoir des mots.

• Pour autant, ne pas s'ériger en modèle ou en exemple supérieur à suivre. Se positionner plutôt comme étant *à côté* de l'enfant renforcera sa volonté d'écoute : « C'est vrai que je sais des choses que tu ne sais pas. Disons que je suis comme un pont entre toi et ce qu'il est bon de savoir. Et c'est une place que j'aime bien ! Parfois aussi, je peux ne pas savoir ce que tu sais ! Mais ce qui compte, c'est qu'on construise ensemble ce qui peut nous faire progresser. »

• Ne pas renoncer, quand bien même le déclic est long à venir. Éviter de manifester de la déception, qui génère souvent des reproches réciproques. Vous êtes nombreux à témoigner que les changements peuvent prendre du temps, et qu'il faut l'accepter. C'est une épreuve de ténacité pour le parent, mais c'est payant !

Savoir être celui qui sait (les enfants et les adolescents ont besoin de ce point de stabilité) sans pour autant adopter une attitude de supériorité écrasante, être plutôt un partenaire pour chercher et questionner avec l'enfant, construire avec lui le savoir à acquérir, adopter une bienveillante fermeté [2], décoder et répondre autant que possible aux besoins fondamentaux qu'exprime l'enfant dans la situation d'apprentissage (besoin de se relier à soi, besoin de sens), l'aider sans s'imposer, le responsabiliser sans démissionner – ce difficile équilibre permettra de transformer les moments de transmission en autant d'occasions de renforcer le lien avec l'enfant, de tisser une relation solide et heureuse.

Éveiller le désir des mots

« Je ne peux rien pour celui qui n'a pas un vrai désir d'apprendre », disait Confucius. Nous savons tous que le désir anime et enrichit la vie, et être parent, c'est fondamentalement souhaiter que son enfant soit animé de désirs vivifiants. Rien n'est plus insupportable que de voir son adolescent, notamment, apathique, aboulique, vide de lui-même.

Voici donc quelques recettes pour réussir une mission souvent jugée perdue d'avance ! À commencer par ce principe général : profitez de la moindre occasion que vous offre la vie commune quotidienne : plus le mouvement sera naturel et les échanges spontanés, plus votre tâche sera aisée.

Mode d'emploi

Faire naître le goût des mots et de la lecture

• Aider l'enfant à se constituer un petit livre personnel d'expressions, de phrases auxquelles spontanément il réagit bien.

• Dans le cadre familial, en créant des temps de détente et de partage, proposer que chacun fasse la lecture à voix haute aux autres.

• Raconter avoir lu ou entendu un mot incisif, une expression bien trouvée ; expliquer pourquoi ils ont retenu votre attention, sans créer avec l'enfant une situation d'évaluation. Sous-entendu : « J'ai voulu le partager avec toi, comme tout ce que je pense être bon à acquérir. »

• Ne pas craindre de théâtraliser une lecture pour sensibiliser l'enfant à la saveur et à la force suggestive des mots, en même temps qu'à leur sens. Toute une alchimie sensorielle se met alors en œuvre, dont il n'a pas conscience, et qui l'éveillera au bonheur des mots. S'inspirer avec humour de Julien Gracq, qui dit « aimer les mots pour leur corpulence ou leur carrure, pour leur poids de fruits ronds qui tombent de l'arbre un à un » et savourer « la succulence de ces mots compacts, riches en dentales et en fricatives que l'oreille happe un à un comme un chien les morceaux de viande crue [3]. »

• Discuter des différentes acceptions, interprétations ou connotations d'un terme pour en souligner la richesse.

• Proposer de chercher ensemble quelques clés qui faciliteraient la lecture d'un ouvrage prescrite par l'école, apaiseraient ses craintes. L'idée n'est évidemment pas de substituer cette préparation à la lecture elle-même ; ce sera même le contrat à définir : se préparer pour lire !

• Rassurer en disant que le désir de toute chose, et donc aussi le désir des mots, se fait peu à peu, par la vertu d'expériences réussies. « C'est en forgeant qu'on devient forgeron » : faire de cet adage un code ou un clin d'œil personnel apportera à la relation humour et complicité.

Se mettre en scène

Depuis son plus jeune âge, vous dites à votre enfant : « Attends, je vais te montrer ! » Comment mettre ses doigts sur la flûte, se tenir face à la table de ping-pong, placer ses pieds dans un pas de danse, tracer une perspective, tenir le clou qu'on va enfoncer, ou encore sa canne à pêche… Il vous observe en train de faire ; il enregistre, s'efforce d'imiter. La psychologie de l'apprentissage l'enseigne clairement : on apprend aussi en imitant. L'éducateur montre donc *comment procéder* pour que « l'éduqué » réalise ses dispositions, les rende opérantes. On donne à voir les savoir-faire pour transmettre les savoirs.

Il ne peut en aller autrement pour la transmission du langage. Plus vous allez montrer comment vous-même comprenez, comment l'expression d'une idée la rend claire et précise, comment vous cherchez le mot juste, comment vous écoutez les autres, plus vous serez des passeurs pertinents et efficaces. Vous êtes donc bien des *montreurs de signes.* C'est pourquoi il vous faut mettre en scène les gestes mentaux grâce auxquels vous réussissez. Mais comme ces gestes-là ne sont pas directement observables, il faudra bien les mettre en discours pendant que vous procédez.

Le médiateur du langage est quelqu'un qui pense tout haut : il révèle ainsi les opérations mentales qui permettent de saisir et de produire le sens porté par les mots. Il fait apparaître, rend visible l'invisible, en identifiant, pour son destinataire, les procédures de sa propre pensée.

Ainsi, montrer à quelqu'un comment un savoir-faire peut être opérant, c'est lui donner de bonnes raisons de le faire aussi, d'en faire l'expérience directe à son tour : « Si je sais que c'est ça que j'ai à faire dans ma tête pour pas me tromper, alors j'aurai plus peur et je veux bien le faire », disait encore Xavier.

Que l'origine des difficultés relève de peurs ou d'un manque de motivation, d'une incapacité à donner du sens à ce qu'on leur demande de faire ou d'un refus obstiné pour cause de conflit, on peut en général compter sur l'effet d'une mise en situation.

Mode d'emploi
Transmettre un savoir-faire

• Se mettre en scène dans une situation de compréhension difficile : « Je ne comprends pas cet énoncé ; mais je vais m'en donner les moyens ! Je vais faire des actes (gestes) dans ma tête et te les raconter en même temps, pour que tu puisses participer à la manœuvre. On verra bien si ces moyens sont efficaces ou non ! » Encore une fois, il ne s'agit pas de se présenter en modèle qui dispenserait les savoirs du haut de son piédestal, mais en expérimentateur d'un savoir-faire, qui invite également l'enfant à mettre la main à la pâte.

• L'objectif est aussi de transmettre à l'enfant l'idée que ne pas comprendre n'est pas une fatalité : « Tu vois, c'est une démarche qui a fonctionné. On peut parier qu'il est utile de l'expérimenter. Tu veux essayer ? »

Relier les mots à sa vie

- ▶ POSTULAT N° 8 : *les mots traduisent et enrichissent l'affectivité.*
- ▶ POSTULAT N° 10 : *la forme juste et belle a le pouvoir de nous transformer.*
- ▶ POSTULAT N° 12 : *les mots réaniment ce que nous portons en nous à notre insu.*
- ▶ POSTULAT N° 16 : *la maîtrise du langage sert directement la formation de la pensée.*

Vous rappelez-vous comment Gros-Coco, impatient, finit par éluder la question d'Alice quant à la signification du terme « impénétrabilité » ? Dommage pour la petite fille ! Mais en ce qui nous concerne, ne perdons pas une bonne occasion de familiariser les enfants avec le souci des mots. Quand un enfant demande le sens d'un mot prétendu difficile pour son âge, ne négligeons pas de répondre à son attente : souvent déçu, il peut renoncer à de futures questions. Bien au contraire, il faut tout faire pour ancrer l'information dans sa mémoire, par quelque échange qui lui montre votre intérêt : « Dans quelle phrase as-tu vu ce mot ? Que crois-tu qu'il signifie, dans cette situation (retour au contexte) ? » Vous pouvez aussi prendre le dictionnaire et lui proposer de chercher avec lui : ce sera là un précieux partage pour tous les deux.

Plus le jeune est amené, et le plus tôt possible, à intégrer dans sa vie le souci du langage, et cela sur un mode naturel, plus le langage lui sera un compagnon de route familier !

Mode d'emploi

Saisir la moindre occasion

Pauline est une élève très sérieuse. « Elle apprend ses leçons au mot près pour ne pas se tromper », dit sa mère. Elle a donc bien retenu dans son cours sur la Grande Guerre que l'année 1917 avait été un *tournant*. Lors du contrôle écrit, la consigne demandait d'expliquer pourquoi 1917 avait été *l'année charnière* du conflit. Pauline, déstabilisée par le mot *charnière*, un mot qu'elle ne connaît pas et sait ne pas avoir été prononcé par l'enseignant, a préféré ne rien écrire plutôt que se demander : « Qu'est-ce que j'ai compris et appris sur l'année 1917 » ? Une mauvaise note a sanctionné le tout. « Pour un mot ... », proteste sa mère. Et de consoler Pauline : « Mais ce n'est pas grave, je sais que tu as appris ta leçon. Tourne la page ! »

Pauline a en effet compris et appris sa leçon : oui, 1917 a bien été un tournant dans la guerre. Mais l'occasion est manquée de lui dire : « Quand tu apprends tes leçons, c'est très bien de retenir les mots exacts, choisis pour t'enseigner. C'est comme ça qu'on se donne des connaissances justes. On apprend les connaissances avec les bons mots qui les expriment, et on sait pourquoi ce sont les bons mots : si tu avais vraiment cherché pour quelles significations le mot *tournant* était un mot très juste pour décrire la situation de 1917, tu aurais pensé que *charnière*, inconnu pourtant, ne pouvait que correspondre à cette description. Tu sais maintenant un autre mot pour dire ce que désigne le mot *tournant* ! »

Exorciser la peur des mots

Rappelons-nous Amélie, convaincue de n'avoir « rien à dire », et de « n'intéresser personne. » Plus elle grandissait, plus elle se taisait et bâclait toute production écrite, compromettant son parcours scolaire. Ses parents eurent l'idée de l'emmener voir le film *Le Discours d'un roi*, puis d'en parler avec elle, « non pas pour établir une analogie entre elle et le trouble de langage dont souffrait George VI, racontent-ils, mais pour lui montrer que, quand quelque chose ne va pas, il ne faut jamais céder au sentiment d'impuissance et de fatalité ».

Excellente initiative ! Mais nous leur conseillons d'aller plus loin. Ne vous contentez pas de lui demander : « Comment as-tu trouvé ce film ? », car Amélie risque fort de se sentir menacée de jugements et pour toute réponse d'émettre un « bien » laconique. Et dans ce cas, évitez d'insister : « C'est tout ? Mais encore … ? » ; épargnez-lui l'expression de votre déception ou même une simple pointe critique, qui la figeront davantage encore dans sa peur et son refus.

Guidez-la plutôt dans la mise en mots des sentiments qu'elle aura éprouvés à la projection. Le principe est de provoquer une réaction, ne serait-ce que par la contradiction – un ressort puissant dans la relation parents-enfants ! Et de piquer sa sensibilité à l'évocation de mots opportuns, qui seront comme les sésames de son monde intérieur : *choquée, révoltée, émue, bouleversée, indignée, inquiète, compatissante...*

Développez vous-mêmes votre opinion, proposez votre réponse aux questions que vous lui posez : « Oui, moi aussi j'ai trouvé ce film *bien*. Mais est-ce que ce seul mot te permet de savoir pourquoi je l'ai vraiment aimé ? Pourquoi il m'a intéressé ? Il y a beaucoup de critères pour juger un film : le thème, la beauté des images, le jeu des acteurs, la force des dialogues, ou encore les scènes qui montrent les émotions des personnages... Te souviens-tu de celle où le roi accepte de se montrer dans sa faiblesse face au thérapeute, ou de celle où l'angoisse le saisit au moment de commencer son discours ? Tu te souviens du gros plan sur son visage terrifié ?

Ne craignez pas de vous mettre en scène, de forcer votre opinion, de critiquer sans nuances : vous aurez plus de chance de susciter une réaction d'opposition ! Interrogez aussi : « Dirais-tu, toi, que la souffrance du roi est touchante ? Qui te paraît avoir raison ? Crois-tu crédible que... », etc. Et quand l'enfant s'exprime, encouragez-le : « Je vois bien que tu es très concernée par ce que tu dis. Je reconnais ta sensibilité dans les mots que tu emploies. »

Les adultes déprécient trop vite un jeune qui n'a pas « les mots pour le dire » et fuit tout échange qui ne ferait que les conforter dans leur jugement : le vide de mots traduirait leur vide intérieur. Une telle attitude traduit souvent au contraire la détresse de ne pas trouver les mots « pour dire tout ce qu'[ils] ressen[tent] et toutes les idées qui [leur] viennent ».

N'oublions pas cela : un jeune grandit de la reconnaissance que les autres lui renvoient, reconnaissance de ce qu'il porte en lui et sent exister confusément ; il grandit de la confiance qu'il peut porter aux adultes qui l'accompagnent ; il grandit de l'estime de soi que ceux-ci l'aident à construire.

Jouer avec et sur les mots

▶ POSTULAT N° 5 : *jouer avec les mots développe la créativité de l'enfant et sa sensibilité au langage.*

On dit « jeux de mots », comme on dit jeux de cartes, de fléchettes, de construction… Parce qu'ils stimulent notre créativité, on peut donc aussi s'amuser avec les mots. Des jeux à consommer sans modération !

Trois frères ont ainsi inventé « le jeu du drôle de mot » : chacun doit trouver un mot peu ordinaire, à l'allure étrange, chercher son sens et ses différents usages. Le dimanche soir, la famille réunie, chacun révèle son mot et doit le défendre. Les autres commentent, critiquent l'intérêt de chaque terme proposé. L'un d'entre eux est élu par un vote comme étant le plus surprenant. On peut bien sûr varier les règles !

On dit aussi « jeux de mots » pour dire « jeux *sur* les mots ». Le génial Raymond Devos, avec son regard ahuri et sa farandole de trouvailles, demeure une référence incontournable pour les amateurs de polysémie, connotations, sonorités percutantes, analogies, détournements de sens, et autres variations de ton. Véritable magicien des mots, il ciselait au millimètre les avalanches verbales qu'il déversait sur un public pris de vertige, et promenait sur le monde un perpétuel étonnement, qui ne laissait pas de déstabiliser au-delà même du rire.

Songe-t-on assez à offrir aux enfants des livres de jeux de mots ? Citons par exemple l'anthologie de Sébastien Bailly [4], qui propose un florilège de mots « d'auteurs prestigieux », pour reprendre les mots de la quatrième de couverture. Le choix est vaste. Là encore, il y a des plaisirs et des rires à partager ! Le mode ludique n'exclut pas le projet pédagogique, bien au contraire : l'enjeu reste toujours celui d'inscrire son enfant dans le monde du langage, de l'aider à y trouver sa place et à s'y épanouir.

S'armer de mots

▶ **POSTULAT N° 10** : *les mots mettent de l'ordre dans notre chaos intérieur.*

Posséder les mots procure le sentiment d'une force enfin conquise : mieux comprendre un énoncé verbal, mieux montrer aux autres qu'on a compris, mieux saisir ses émotions, et l'on se sent plus fort aussi.

Si Alexandre a accepté de redoubler sa première, c'est ainsi pour prendre le temps d'une année avant le bac, et en finir avec un truc insupportable, des appréciations scolaires répétées depuis la 6e : « Élève sérieux, une bonne volonté évidente. Mais de grosses difficultés de réflexion, et une expression bien handicapante. » Il se dit, comme beaucoup, que la pauvreté du langage est un handicap : elle dévalue les qualités intellectuelles, pénalise les résultats scolaires autant qu'elle disqualifie l'image qu'il donne de lui-même. Il sait bien qu'apprendre les lois du langage est le moyen indispensable de gagner de la consistance intérieure, de « prendre du poids ».

Pour s'expliquer, se défendre, convaincre, les mots sont des armes. Les adolescents confrontés à toutes sortes de textes littéraires au registre argumentatif, satirique, à la tonalité parfois violemment polémique, en font l'expérience. Le besoin de mots clairs, incisifs, pugnaces, le maniement de l'ironie sont assurément une nécessité dans nos relations avec les autres. Mais aussi dans notre relation à nous-mêmes.

Pavel a 11 ans ; d'origine russe, il vit en France depuis deux ans. C'est un garçon doux et souriant ; il parle beaucoup, avec un accent prononcé, mais s'exprime avec aisance, même s'il cherche encore ses mots. Travailleur et doté d'un bon potentiel intellectuel, il est d'un excellent niveau scolaire, surtout en maths, SVT et histoire-géographie. Mais Pavel est très souvent victime de violence et a réfléchi au meilleur moyen de se défendre et d'en finir avec sa souffrance : « Si je les tape, je m'en sortirai pas. Quand je saurai bien les mots, ça sera plus pareil. Je serai plus fort pour leur répondre, pour leur expliquer des choses.

Ils n'oseront plus m'attaquer. Tu peux m'aider ? », demande-t-il lors d'une séance de travail.

Avoir les mots pour opposer sa force aux autres, plus habiles aux coups ; renvoyer du sens plutôt que des insultes : ce principe, Pavel l'a bien compris, et cela sera sans aucun doute déterminant dans sa vie.

Lorsque les mots sont transmis dans le cadre d'une médiation pertinente et intégrés à part entière dans leur vie, les jeunes y voient l'instrument d'accomplissements (vaincre une peur, exprimer ses sentiments ou son analyse, jouer et construire de la complicité, se défendre…) et les associent à un plaisir. Ils sont mûrs alors pour découvrir le rôle essentiel que tiennent les mots dans l'élaboration de leur pensée.

3

GUIDEZ LA CONSTRUCTION DE SA PENSÉE

- ▶ POSTULAT Nº 10 : *les mots mettent de l'ordre dans notre chaos intérieur.*
- ▶ POSTULAT Nº 16 : *la maîtrise du langage sert directement la formation de la pensée.*

Sa conscience linguistique éveillée, dans le désir de posséder les mots et d'en maîtriser l'usage, convaincu du pouvoir qu'ils lui donnent, votre enfant est prêt à faire du langage l'outil de sa pensée – celle par laquelle on donne du sens au réel ; celle aussi par laquelle on *se* construit en *le* construisant, en *réalisant* ce que nous avons à être. Toute pensée procède d'un acte de langage (le vocabulaire, la syntaxe, le rythme donné à ses paroles ou à son texte). Les structures de la parole maîtrisée par l'enfant deviennent les structures de base de sa pensée, elles organisent, par la langue qu'il utilise, les modes de perception de son environnement. Les mots font ainsi beaucoup plus qu'exprimer la pensée : ils lui donnent sa réalité et sa forme.

Comprendre et interpréter

Comprendre, c'est étymologiquement *prendre avec soi.* On saisit avec et pour soi un objet conceptualisé par l'intelligence (soit, précisément, la capacité à en *relier* les différents éléments constituants). S'il s'agit de comprendre un énoncé, il faut le concevoir comme un ensemble cohérent constitué d'une suite d'artifices expressifs, les signes qui organisent son sens, combinant le sens sémantique (la dénotation) et le sens syntaxique (les règles de la logique). C'est cette organisation qui est à interpréter. Comprendre un énoncé, c'est donc un acte de *coopération* avec l'auteur du texte : tel est le terme qu'emploie le sémiologue (spécialiste des signes) Umberto Eco dans son livre *Lector in fabula* [1]. Comprendre, c'est donc :

– recevoir des informations sensées transmises par la double organisation des mots telle que voulue par leur auteur ;

– en repérer les intentions (les contenus de sens voulus par l'auteur) ;

– traduire ces intentions pour soi, pour qu'elles nous soient claires et utiles ;

– à partir de ces informations, modifier ou compléter ce qui nous était propre.

C'est un processus, un travail de construction grâce auquel on retrouve le sens initial, l'intention d'un auteur qui s'adresse à nous. C'est ce que vous allez amener votre enfant à faire, en le guidant, toujours dans la posture de l'accompagnateur, qui reste *à côté.*

Un sens fidèlement reconstruit

▶ POSTULAT N° 12 : *dans les mots, quelqu'un est présent.*

▶ POSTULAT N° 13 : *tout signe fait sens et renvoie à une intention.*

Rappelons-nous la formule frappante du philosophe Merleau-Ponty : « Comprendre, c'est se changer. » En comprenant, nous sommes conduits à devenir les co-auteurs de la pensée d'un autre, à *penser sa pensée*, comme nous aimons le dire aux jeunes.

Yann, 9 ans, se tourne volontiers vers un tiers dans l'espoir qu'il lui traduira les énoncés qu'il ne comprend pas. Le tiers ose une question sur sa bonne volonté, question qui fâche : « Mais si, j'ai essayé, promis ; mais c'est incompréhensible ! »

Mode d'emploi
L'énoncé « incompréhensible »

• Dire à l'enfant : « Je te laisse le choix : ou je te montre *comment* je comprends, l'acte du bien-lire, ou je te guide pour que tu comprennes toi-même le sens. » La recette est à adapter en fonction des circonstances et de l'humeur des deux parties !

• Affirmer que l'énoncé prétendument « incompréhensible » suit les règles de l'expression, et qu'un travail lexical et logique devrait nous y donner accès. C'est le moment de rappeler que rien n'est gratuit ni laissé au hasard pour que les destinataires comprennent ; que tout est signe, porteur d'un sens.

Voici comment on peut appliquer ce mode d'emploi avec Yann, en profitant d'une occasion où son intérêt est particulièrement vif. Passionné de construction, il a reçu pour son anniversaire un livre sur les plus belles réalisations récentes du monde. Le tunnel sous la Manche l'impressionne tout particulièrement. Une photo présente les énormes tunneliers d'un millier de tonnes guidés par des faisceaux lasers et comparés à de « gigantesques taupes ». Mais soudain, il demande à la cantonade, d'un seul souffle : « Ça veut dire quoi : "Cela permet un suivi permanent au millimètre près du parcours effectué par rapport au tracé théorique et la correction immédiate de la moindre déviation de trajectoire ?" »

Après l'avoir félicité de poser la question, le médiateur lance la procédure de questionnement au fil de l'énoncé :

« Que veut dire *permettre* dans cette situation [en profiter pour lui donner le mot « contexte »] ?

– Qu'est-ce qui est *permis* par ces tunneliers ? Y a-t-il un seul effet ?

– Qu'est-ce qui est *suivi* ?

– Par quelles expressions sais-tu que ce *suivi* est bien fait et efficace ? [*permanent, au millimètre près, immédiate, moindre*].

– Quelles sont les deux mesures comparées ?

– Quel mot reconnais-tu dans *trajectoire ?*

– Tu sais ce que veut dire *déviation ?* »

Redisons-le (c'est un rappel à multiplier, tant il réanime chez l'enfant *un signal-alerte* qui active son attention) : un énoncé obéit à des règles linguistiques (lexique et syntaxe combinés). Un énoncé est une suite d'éléments expressifs, placés dans un ordre linéaire intentionnellement déterminé. Chaque question permet de construire le sens des différents éléments qui s'enchaînent. C'est ainsi qu'agit, qu'opère l'esprit qui *lit bien*, c'est-à-dire qui comprend.

Cette opération se fait sans réelle conscience quand aucune difficulté ne la trouble. Dès que la compréhension n'est pas immédiate, on doit guider l'enfant dans cette procédure d'« arrêt sur mots ». C'est une expression qu'il comprend bien.

C'est en y habituant le jeune esprit qu'il comprend de plus en plus vite et de mieux en mieux : la procédure, expérience après expérience, se déclenchant spontanément et gagnant en efficacité. Faire et refaire est la clé de la réussite. C'est pourquoi nous aimons citer un proverbe zen et amuser vos enfants, comme un rappel de la nécessité d'accueillir la transmission des savoir-faire : « Celui qui ne fait pas ne sait pas ! »

Une bonne habitude mentale est prise : « Je peux plus faire autrement, maintenant, c'est automatique ! », finissent par s'exclamer, soulagés, nos petits initiés.

Un sens à enrichir

▶ **POSTULAT N° 11** : *Les mots réaniment ce que nous portons en nous à notre insu.*

Nous comprenons aussi en ajoutant *subjectivement* du sens (qui nous permet de nous approprier totalement un texte, un discours) à ce que nous décryptons (ou décodons) *objectivement* (et qui nous donne le sens exact de ce texte).

En effet, la compréhension objective de l'énoncé voulu par son auteur active parallèlement la créativité de notre pensée et de notre sensibilité, constituantes de notre subjectivité. À nous d'ajouter du sens, soit en interprétant ce qui est dit pour en révéler une richesse au-delà de son apparence immédiate, soit en lui apportant des évocations issues de notre propre expérience. Les matières littéraires et artistiques s'offrent tout particulièrement à notre pensée subjective.

En 4e, le professeur de français de Sarah travaille les images stylistiques sur un joli texte de J.-M. G. Le Clézio, et pose cette question : « Comment est évoquée l'abondance de la lumière ? »

> La lumière du ciel tourbillonnait ici, complètement libre. Sans cesse elle jaillissait de l'espace et frappait la pierre, rebondissait jusqu'aux nuages. La lave noire était pénétrée de lumière, lourde, profonde comme la mer en été *(Mondo et autres histoires)*.

Mode d'emploi

Faire comprendre le pouvoir d'évocation des mots

• Demander à l'enfant de voir dans sa tête, de mettre en images visuelles ce que les termes de l'énoncé évoquent (ici, pour Sarah : *tourbillonner, jaillir, frapper, rebondir, pénétrer*) : lui proposer de faire appel à des expériences directes de mêmes paysages ou à des souvenirs de reproductions.

- Puis lui demander de mettre des mots sur ces images intérieures, en lui disant : « Elles sont de toi, parlent de toi. C'est donc bien toi qui, en ce moment, es en action par le pouvoir de ta pensée. Tu es bien l'auteur de cet acte mental qu'est l'acte de *comprendre*. »

C'est ainsi que les mots de l'auteur se chargent des évocations que leur donne chaque lecteur ; en les faisant résonner en lui, comme des échos, celui-ci leur renvoie un sens multiplié de significations particulières. L'acte de comprendre est un enrichissement continuel.

Apprendre et mémoriser...

Appuyons-nous sur ces deux réalités d'ordre neurocognitif : plus on travaille les mots des savoirs à apprendre, plus on active l'intelligence, c'est-à-dire les capacités à relier les différents composants du sens. Et simultanément, le processus de mémorisation se met en action.

Nous ne faisons aucune concession sur la nécessité de cette procédure (travailler les mots précis de la leçon) quand nous aidons vos enfants à apprendre et à mémoriser dans la durée. Vous devez être tout aussi exigeants. Pour ce faire, outre les bonnes paroles proposées précédemment, il vous faut organiser votre questionnement en fonction de l'énoncé.

Voici une situation emblématique de cet accompagnement.

Une leçon de SVT nous a servi de modèle de démonstration à une classe de 3e et à ses enseignants, dans le cadre d'un projet intitulé « Apprendre à apprendre ».

> Le sang suit un double trajet dans l'organisme :
>
> – la circulation pulmonaire, issue du cœur droit, permet les échanges respiratoires avec les poumons. Le sang quitte le cœur par l'artère pulmonaire, passe dans les réseaux des capillaires pulmonaires, où il y a des échanges de gaz avec l'air contenu dans les alvéoles pulmonaires puis retourne au cœur gauche par quatre veines pulmonaires ;
>
> – la circulation générale, issue du cœur gauche, permet les échanges avec tous les autres organes. Le sang quitte le cœur par l'artère aorte, il est conduit dans les capillaires de tous les organes du corps, puis retourne au cœur droit par les veines caves.

Dans cet exemple, travailler les mots du texte avec les élèves pour les aider à mémoriser la leçon passe par les questions suivantes :

– de quoi es-tu prévenu dès la première phrase ? (réponse : idée de la *double circulation*). À quelle organisation logique des informations t'attends-tu ?

– tu vas donc interroger le lexique propre à chaque type de circulation du sang pour organiser en deux colonnes les distinctions, terme à terme *(cœur droit/cœur gauche ; artère pulmonaire/artère aorte ; capillaires pulmonaires/capillaires de tous les organes ; veines pulmonaires/veine cave)* ;

– repère le lexique qui évoque l'idée de circulation *(quitte ; passe dans ; retourne ; issue du ; quitte ; est conduit ; retourne)* ;

– repère dans chaque paragraphe les mots qui justifient le terme désignant chaque type de circulation (pour l'une : *pulmonaire*, terme repris quatre fois, et *poumons* ; pour l'autre : *générale*, *tous les organes*).

Par ce travail sur le lexique, grâce auquel le sens des mots est organisé par l'analogie ou la distinction, on permet au jeune esprit de se structurer. Et on évite les « j'ai confondu », « j'ai tout inversé » ; « j'me suis tout(e) mélangé(e) » ; « ça m'embrouille », si frustrants et finissant par éroder la confiance en soi et l'estime de soi [2].

... pour restituer et appliquer les savoirs acquis

Appuyons-nous ici sur cette autre réalité neurocognitive : quand on se parle à soi-même (discours intérieur), on agit mieux. Appliquer des savoirs, c'est les maîtriser suffisamment pour en faire de bons outils d'action (raisonner pour discerner une situation, déterminer quel savoir appliquer dans tel ou tel cas : règle, formule, événement historique, phénomène scientifique…).

Mode d'emploi
L'application d'un savoir acquis

• Faire parler l'enfant à haute voix pour vérifier comment il observe la situation, cherche, raisonne, déduit, se remémore les connaissances (qui doivent être impeccables !)... et comment il s'y prend pour trouver la solution.

• Si l'enfant s'est trompé, lui demander de restituer lentement le savoir à utiliser (même s'il se rebiffe !), en prenant conscience de chaque information qui le constitue.

• Le rassurer en lui disant que, dès qu'il repensera le sens de ce savoir, il verra tout de suite son erreur. Et pourra ainsi s'autocorriger.

• Le rassurer encore en lui affirmant que, à force de redire ces savoirs et de les repenser, il se donne plus de chances de bien les mémoriser, de les rendre familiers.

Les maths, dont les énoncés sont d'une rigueur implacable, sont de bons terrains d'exercice. Or les maths, c'est du français ! Donnons la parole à Élisabeth Bonneville-Salesse, une psychopédagogue en mathématiques, également formatrice auprès des enseignants, avec laquelle nous aimons travailler :

> Pour beaucoup, les domaines des lettres et des mathématiques semblent très opposés.
>
> L'activité mathématique demande à la fois rigueur et précision de la langue – lexique et organisation logique – et imagination, créativité, qui impliquent d'autres rapports au réel, passant aussi par la psychologie.

Pour exprimer des raisonnements, argumenter, démontrer, pour comprendre le sens des mots, des symboles, des consignes, les compétences en français sont indispensables.

Même si le langage mathématique a ses spécificités, la discipline utilise donc le langage naturel :

- les connecteurs logiques, le *et*, le *ou* ;
- le rôle des parenthèses, des crochets ;
- la structure logique *si… alors… sinon* ;
- le lexique commun.

L'écrit en mathématiques peut ainsi décrire une figure, donner des consignes, définir un objet, indiquer une démarche ou justifier un résultat.

La *narration de recherche* (raconter les cheminements de son raisonnement) réhabilite le tâtonnement, redonne confiance et permet à l'enseignant d'aider l'élève à réécrire et à structurer sa pensée.

Les deux disciplines, le français et les mathématiques, ont bien la responsabilité conjointe de faire acquérir la maîtrise orale et écrite de la langue. Double acquis : la connaissance du lexique commun et du lexique mathématique. Connaissance des règles de la syntaxe.

Je vois le travail psychopédagogique des maths comme le terrain privilégié de cette rencontre, réconciliant ainsi rigueur et créativité.

Application ! Si votre enfant est en classe de 4e, il est amené un jour à apprendre cette propriété mathématique : « Si un segment a pour extrémités les milieux de deux côtés d'un triangle, alors sa longueur est égale à la moitié de la longueur du troisième côté. »

« Quels sont les mots qui traduisent un rapport logique ? *Si* ... *alors*... : c'est la logique de la condition.

– Qu'est-ce que cette propriété permet de calculer ?

– Cet énoncé est difficile parce qu'il présente dans deux groupes (syntaxiques) un enchaînement de compléments du nom : milieu *de* deux côtés, (côtés) *d'*un triangle, moitié *de* la longueur, (longueur) *du* troisième côté. Tu dois être particulièrement dans la conscience de ce que tu as à énoncer : en repérant la préposition *de* ainsi employée, tu seras plus conscient de son rôle dans chaque information à donner. Si tu ne travailles pas ces compléments du nom, tu risques d'oublier l'un ou l'autre, et ce savoir deviendra inapplicable dans une situation où tu devras l'utiliser. »

Vous avez certainement vu plus souvent qu'il ne le faudrait votre enfant dans la confusion, à la fois agacé et inquiet des défaillances de sa mémoire. La prise de conscience *pendant* le travail sur les mots rend la compréhension des savoirs et dans le même temps leur acquisition plus sûres : elles assurent un par-cœur intelligent (et non mécanique, sans pensée). Et rendent donc plus sûre aussi leur application.

Analyser

Vous vous reconnaîtrez sans doute dans ce constat de parents de collégiens : « Maintenant qu'il est en

4e, on ne leur pose plus de simples questions de cours. Il faut de plus en plus analyser, argumenter, développer… » Et dans celui-ci, de parents de lycéens : « Partout, sur ses copies, les mêmes exigences : "Analysez !", "À développer !", "Pourquoi ?", "Et donc ?", "À justifier"… »

L'analyse est un acte mental revendiqué comme la marque d'un esprit mature et rigoureux. L'esprit d'analyse est perçu dans toute la société, et d'abord à l'école, comme un critère de supériorité intellectuelle. Que se passe-t-il, quand nous analysons, qui justifie un tel éloge ? Analyser veut dire séparer. On sépare un tout en autant d'éléments qui le composent. Chaque composant apporte une information aux autres composants. Reliés ensemble, ces derniers construisent un sens complexe et riche. Puisque la logique grammaticale organise les liens du sens, il est logique d'en utiliser les outils pour analyser.

Vos enfants, du primaire à la fin du collège, apprennent ces outils. C'est le moment de leur en montrer un usage dont ils n'ont que rarement l'idée. Lycéens, ils sont si contents d'être « débarrassés » de la grammaire ! Dangereuse illusion. Qu'ils aient à questionner le sens d'un fait, d'une idée, d'une notion ou d'un sentiment, c'est d'abord par la logique qu'ils en identifieront les différents composants.

Mode d'emploi
Analyser, c'est encore faire de la grammaire

Rappeler d'abord les différentes valeurs logiques, et demander qu'elles soient notées sur une fiche à placarder, ou immédiatement accessible à tout moment ! Elle doit être l'outil de travail par excellence, dans toutes les disciplines.

– le temps : à quel moment se fait ou existe quelque chose ?

– le lieu : où ?

– la cause et la conséquence (inséparables) : pourquoi et avec quels effets ?

– le but (ou finalité) : avec quel objectif, intention ? pour quoi ?

– la condition : quelle condition rend possible ou non quelque chose ?

– l'opposition : comment s'opposent, termes à termes, deux choses ?

– la concession : malgré quelle chose une autre est-elle quand même possible ?

– la comparaison : quels sont les analogies ou les différences entre deux choses ?

– la manière : le mode abstrait d'une action ou d'un état.

– le moyen : le mode concret d'une action ou d'un état.

« Mais,... c'est de la grammaire ! », disent vos enfants, tout étonnés de la voir régulièrement appelée au secours.

Répondre tranquillement : « Eh oui, encore de la grammaire... que veux-tu que ce soit d'autre qui te permette de penser ? »

Analyser, c'est séparer un élément (une notion, une idée, une information) en ses différents constituants, identifier ceux-ci (les nommer), et ainsi concevoir la richesse des significations contenues dans l'élément d'origine.

Exprimer

- ▶ POSTULAT N° 11 : *Les mots réaniment ce que nous portons en nous à notre insu.*
- ▶ POSTULAT N° 17 : *Le dire avec ses mots n'est jamais vain.*
- ▶ POSTULAT N° 18 : *Pour exprimer avec ses mots, il faut d'abord avoir imprimé ceux qui nous sont transmis.*

Martin, souvenons-nous, est le petit garçon qui refuse d'écrire parce qu'il est certain de ne pas avoir les bons mots, ceux que « la maîtresse aime bien ». Si votre enfant ressemble à Martin, comment l'aider à exprimer ce qui anime sa vie intérieure ? Il est important ici de se rappeler une logique déjà évoquée : on apprend aussi par immersion et par imitation.

Pour l'enfant qui redoute d'écrire et ne parvient pas à s'exprimer dans une langue correcte, il ne faut pas croire qu'il lui suffira de lire pour réduire ses craintes et ses difficultés ; ni qu'il suffira de multiplier les exercices formels, qui restent trop souvent déconnectés des travaux rédactionnels demandés : il n'y a en effet que très peu de transfert de ces exercices, qui n'ont d'autre but qu'eux-mêmes, à des écrits qui sont destinés à développer des capacités beaucoup plus complexes (restituer des connaissances, juger, argumenter…). Cet enfant en panne quand il s'agit d'écrire réagit très mal quand on lui demande, sous prétexte de l'aider, de chercher du vocabulaire ou de surveiller sa syntaxe – tâches qui s'ajoutent à celles, déjà ardues, de trouver des idées intéressantes, de respecter la consigne ! C'est beaucoup, c'est trop…

Mode d'emploi

Les aider à exprimer

• Reconnaître avec empathie ses difficultés : l'enfant en parlera plus volontiers.

• L'aider à mettre des mots sur un leitmotiv dont il use et abuse bien souvent : « je déteste écrire », en lui demandant : « Pourquoi, à ton avis, est-ce que tu détestes écrire ? que crains-tu ? qu'as-tu le plus de mal à faire ? »

• L'accompagner dans la constitution d'un capital de termes et de tournures expressifs, toute occasion encore une fois étant bonne à prendre.

• Selon ses propres disponibilités, l'aider à travailler, parce qu'ils sont des modèles d'expression claire et rigoureuse, non seulement les contenus de ses cours et des corrigés de travaux rédactionnels, mais aussi les mots, les formules, l'organisation des phrases qui traduisent ces contenus. Et proposer d'observer ensemble :

– dans une description, les termes qui permettent qu'on voie, sente ou entende grâce aux évocations mentales de son monde imaginaire ;
– la comparaison qui montre que… ;
– le terme qui vise à inquiéter ou faire rire ;

– le connecteur logique entre ces deux phrases qui a pour but de... ;
– comment cette affirmation est préparée par les mots qui la précèdent ;
– que, sans cet adjectif, on ne comprendrait pas... ;
– cette ponctuation qui laisse entendre que... ;
– que telle idée est tout entière présente dans ce verbe ;
– la nuance importante ou la précision qu'apporte ce nom... ;
– la répétition intentionnelle pertinente pour... ;
– comment l'étymologie confère à ce mot une force expressive particulière, etc.

Il s'agit d'adapter la question à l'information portée par un terme, relativement à l'ensemble.

Lire, et le plus possible, est un conseil présenté comme la panacée du bien-écrire : certes, ce conseil n'est pas sans fondement, mais il s'avère que beaucoup lisent sans prendre conscience des choix de forme, parce qu'ils sont tout entiers pris par le fond, et donc ne peuvent imprimer les outils d'une forme expressive ou soutenue. Bien évidemment, il ne s'agit pas d'imposer systématiquement à toute lecture cette pratique : cela serait parfaitement irréalisable et risquerait même de compromettre le plaisir de lire. Mais régulièrement, quand il est important que votre enfant ou adolescent rende profitable sa lecture (qu'il s'agisse d'une leçon, d'un texte sur lequel sont posées des questions d'analyse, d'une étude sur un sujet qui le passionne, d'un exposé...), présentez-lui votre aide comme doublement utile : pour comprendre les contenus *et* pour gagner de la compétence à dire/écrire.

Par ailleurs, cette pratique présente cet autre avantage : la maîtrise de l'expression se fait à la fois de façon consciente, dirigée par soi-même et, comme naturellement, presque malgré soi, quasiment sans ressentir la contrainte ! Ils sont les premiers à s'en étonner : « Je sais pas pourquoi, mais j'écris plus facilement », découvrent-ils un jour. Souvent même, ils ne remarquent que « ça va mieux en expression » que si on le leur fait remarquer, productions écrites à l'appui !

C'est qu'en réalité, à force de fréquenter par l'analyse attentive des énoncés expressifs et rigoureux, ils ont imprimé un savoir-exprimer. C'est donc le bien-lire qui déclenche le processus du bien-écrire. En analysant l'expression maîtrisée des autres, l'enfant dont l'expression est défectueuse met en activité les structures mentales qui permettent une mise en mots correcte.

Ensuite, un cercle vertueux est en marche. La montée en puissance de la maîtrise de l'expression est engagée : plus on sait écrire et plus on veut écrire. C'est une règle générale, qui marque les jeunes esprits : ce processus heureux vaut en effet pour toutes les techniques à l'origine d'un art. Ainsi Van Gogh, leur raconte-t-on souvent, a copié des heures durant, au musée du Louvre, des tableaux de Millet et de Delacroix. Animé d'une profonde admiration, il captait leurs techniques au point de les faire siennes ; et en copiant, il développait peu à peu des aptitudes qui l'ont mené à l'éclosion de son génie propre.

Vous avez guidé la pensée de votre enfant ; il se sent de plus en plus acteur de ce qui se passe dans sa tête. Davantage disposé à prendre lui-même les rênes du « cheval fou enfin dompté », dit le petit Xavier en se tapant le front du bout du doigt avec humour. Et ceux qui ont conquis une aisance d'expression nouvelle évaluent leurs progrès par cette formule, qui en dit long sur les difficultés passées : « Maintenant, quand je dis ou quand j'écris, je *sais* ce que je dis. »

Se voir comme un être pensant, qui peut produire pour lui-même des significations claires et les partager avec les autres, qui peut diriger son raisonnement et en être conscient, c'est faire cette expérience déterminante : il y a plus en nous que nous le croyions ! Entre moi et les mots, c'est bien une histoire personnelle qui se joue, comme nous le disions en préambule de la deuxième partie. Étendre son langage, c'est étendre ce qu'on est.

Le récit des souffrances de jeunes en conflit avec les mots a suffisamment montré combien ils se mésestiment, combien ils manquent de confiance en eux, parasitant leurs chances de se construire. Puis, au fil des victoires remportées sur leurs difficultés, vous les avez vus grandir, s'épanouir, bâtir confiance en soi et estime de soi. Notons qu'il s'agit bien de construire et non de retrouver ; car confiance en soi et estime de soi ne se décident pas, pas plus qu'elles ne s'infusent !

Elles sont le produit d'une accumulation d'expériences réussies. C'est ainsi que la maman d'une petite de CM2, au seuil de son entrée au collège, nous a dit en riant : « Avec ce travail, nous avons fait l'économie de la psychothérapie qui nous était conseillée ! Lucia m'a dit l'autre jour qu'elle arrivait à faire ce que son enseignant lui a demandé toute l'année : se faire confiance ! »

Vous qui avez pris en main l'éducation linguistique de votre enfant, vous savez mieux maintenant pourquoi et comment vous pouvez la réussir, en quoi votre accompagnement peut changer le cours des choses. Pour approfondir encore la réflexion, et toujours vous aider à honorer votre tâche, nous voudrions à présent montrer que, si les mots font grandir votre enfant, c'est surtout parce qu'ils lui permettent d'acquérir le statut de personne, auquel chacun de nous est appelé.

Quatrième partie

UNE PÉDAGOGIE DE LA PERSONNE

Éduquer au langage, c'est beaucoup plus que donner des outils pour mieux comprendre, expliquer, réfléchir : un objectif plus élevé nous a guidées tout au long de cet ouvrage : l'ambition et l'enjeu de l'éducation à la maîtrise des mots, ce n'est ni plus ni moins que la construction de la personne. Au-delà de la construction de l'être intellectuel, au-delà de l'être intuitif et émotionnel, nous visons la pleine dimension humaine, *la personne*, qui fait la part intangible d'humanité en chacun et se doit en toutes circonstances d'être reconnue et respectée par l'autre.

Les penseurs ont donné de cette notion complexe de la personne des définitions diverses ; nous avons élu et fait nôtre la vision du philosophe Emmanuel Mounier :

> Être quelqu'un, ce n'est pas être « un quelque chose » : l'exemplaire d'une classe sociale, d'un métier, d'une nation, d'un parti politique, d'un type psychologique… Ces caractéristiques génériques ne font pas d'un être humain un homme qui vit, qui pense, qui

veut, qui crée. Quelqu'un qui est dans l'aventure d'une liberté responsable [1].

Être « quelque chose », c'est rester un individu. Un être d'abord soumis à ses pulsions, à ses croyances non conscientes, donc non questionnées par lui-même. La *personne*, au contraire, c'est l'être tendant « au total accomplissement [2] », pour reprendre l'expression de Daniel-Rops, un autre philosophe qui fréquentait les mêmes cercles intellectuels que Mounier. Rien ne doit donc manquer à la somme de ce qu'un être humain se doit d'être, et surtout pas la dimension spirituelle. Ces références sembleront à certains un peu datées, ou par trop idéologiquement marquées ; nous les assumons pleinement tant il est vrai que, malgré l'extrême spécialisation des sciences éducatives d'aujourd'hui, ces penseurs continuent de délivrer sur ces questions des messages simples et utiles, qui entrent en résonance avec notre pratique.

Dans le cadre de notre travail, en effet, des années de réflexion et d'analyses concrètes menées à partir d'entretiens avec des enfants ou des adolescents enfermés dans des situations de détresse, d'urgence scolaire ou familiale ont peu à peu étayé une hypothèse, devenue évidence : quel que soit son âge, un individu ne peut se construire comme une personne que par le langage, mais à condition de le maîtriser dans ses formes *et* de le penser dans ses enjeux. C'est-à-dire comme un outil essentiel d'affirmation de son existence. Comme ce qui relie à soi et à autrui en tant que personne unique et authentique. Comme l'instrument par excellence d'exercice et de défense de notre liberté. Comme un instrument de développement, qui permet à chacun de grandir en dépassant ses propres limites.

1

UN INSTRUMENT DE RELATIONS : Au fondement de la personne

Nous l'avons vu, pour se relier au monde, c'est-à-dire saisir le réel qui nous entoure, pour qu'il fasse sens, la maîtrise du langage est indispensable. Le monde est à connaître, à décrypter. Il est donné à l'intelligence humaine, il s'offre à notre pensée, à notre capacité à affirmer, dénier, douter, nous exclamer et surtout nous interroger. Pour exercer et développer ces capacités, il faut un langage juste, clair, pertinent.

Indispensable, cette maîtrise ne l'est pas moins pour se lier intimement à soi-même et socialement aux autres. Puisque le langage est « le propre de l'homme », c'est aussi lui qui est l'instrument premier de ces relations qui sont au fondement de la construction de la personne. Il n'y a pas de personne humaine sans relation ; et pas de relation sans langage.

Se relier à soi

Commençons par une jolie histoire, et entendons bien ce qu'elle nous révèle.

Olga, 13 ans, a de mauvais résultats scolaires. Face aux doutes des adultes sur son travail, elle passe de la tristesse à la révolte mais fait preuve d'une opiniâtreté touchante. Et voici qu'un jour, à peine arrivée pour une nouvelle séance de travail, avant même de s'asseoir au bureau, elle s'écrie : « Il faut que je vous raconte ! » Le visage illuminé, elle se lance : « J'ai eu le résultat ce matin de mon contrôle de géographie, vous vous souvenez ? J'ai eu 20 ! Un vrai 20, en plus, pas des points rajoutés pour la propreté et la présentation du devoir ! Vous savez, quand je suis montée pour venir chez vous, j'ai pris l'ascenseur… Eh ben, je me suis vue dans le miroir, je me suis regardée jusqu'au quatrième, et je me parlais ! Je me suis dit… enfin, j'ai dit à “moi dans le miroir” : c'est TOI qui as eu ce 20 ! »

Olga s'est vue comme quelqu'un qui sait comprendre, apprendre, réfléchir et le montrer par les bons mots ! Nous avons eu l'occasion de raconter cette histoire devant un auditoire de professionnels de la santé des jeunes, en soulignant à quel point cet événement s'avérera déterminant pour la suite de l'apprentissage de la petite fille. Chacun, à travers le prisme propre à sa profession, comprit qu'elle avait fait là une expérience fondatrice : elle se reliait à elle-même dans un jeu d'interlocution accompagné par le regard lui renvoyant sa propre image. Elle était définitivement organisée par la parole intérieure et avait tissé là un lien solide d'elle à elle-même.

Le dialogue intérieur, dont Olga faisait ainsi l'expérience, a des vertus incomparables dans la construction de soi-même comme une personne. C'est par un dialogue intérieur que le petit enfant guide son action sur les objets extérieurs : il se découvre alors comme un *je,* animé d'intentions pour expérimenter, anticiper, comprendre. Désormais, le *je* constitue pour lui une référence insubstituable. C'est bien ce que l'on nomme *réfléchir* : un acte de la conscience active – que l'adulte ne cesse de demander à l'enfant de mettre en œuvre. Comme l'a souligné le psychologue Lev Vygotski, déjà cité plus haut, le langage intérieur possède une fonction de régulation essentielle au contrôle de ses comportements par le sujet. Ajoutons cet autre effet constructif : plus le contrôle interne est efficace, plus l'estime de soi et la confiance en soi sont grandes. La personne se constitue à partir de ces ressentis positifs. Au contraire, tout contrôle venu de l'extérieur s'avère d'une faible efficacité et laisse l'enfant démuni, souvent stressé : il a été grondé, disqualifié, il se sent seul, incapable des performances attendues. Plus encore, interrogé sur les raisons d'une parole ou d'une action, si l'enfant ne sait que répondre : « j'sais pas… j'ai dit ça, j'ai fait ça comme ça… », avec une moue et un haussement d'épaules éloquents, nous pouvons y voir la manifestation d'une absence à lui-même, d'une soumission à quelque mouvement intérieur spontané dont il ne connaît ni l'origine ni le sens. Il est comme étranger à lui-même, comme s'il n'était pas l'auteur de ce qu'il est et devient, menacé d'inconsistance.

On grandit ainsi du dialogue intérieur, où les mots employés sont respectueux du sens à évoquer, prennent sens pour soi : on se voit comme un être qui « vit, pense, veut et crée », comme l'écrit Emmanuel Mounier. Et dans cette expérience de vie, de pensée volontaire et créatrice, se construit la conscience de soi, fondatrice de la personne. Car construire du sens, c'est en réalité s'approprier soi-même. Il s'agit là d'une conquête vitale : se parler pour se penser et gagner davantage de *présence à soi*. Amener un enfant ou un adolescent à l'exigence du langage, c'est lui donner les moyens d'enrichir sa relation, irremplaçable, avec lui-même.

Se relier à soi par le langage implique donc un dialogue intérieur riche et fréquent. Mais cela passe aussi par la capacité à *parler de soi* – pour autant, bien sûr, que l'on ne tombe pas dans le comportement égocentrique de qui, en occupant verbalement le terrain, ne cherche qu'à attirer l'attention et trahit au fond un manque de confiance en soi.

On entend souvent dire que l'écriture d'un journal, ou simplement de notes prises au gré des événements, est un signe de repli sur soi, voire de rupture avec l'extérieur, et souvent même d'autocomplaisance. Et pourtant, ils sont indispensables, ces mots rédigés dans la conscience d'être *avec* soi. Écrits de façon ordonnée ou bien dans un geste spontané, impérieux, sur des bouts de papier, retrouvés ensuite par hasard dans un coin de tiroir, au fond d'un sac ; écrits aussi de plus en plus sur un écran d'ordinateur, à tout moment à portée de clic. Voilà autant de cailloux blancs grâce auxquels, petits Poucets que nous sommes, nous (re)trouvons le chemin vers nous-mêmes. Inviter un jeune à parler de lui, c'est l'inviter à mettre des mots sur son paysage intérieur. C'est lui faire éprouver qu'il porte tout un monde en attente d'être nommé et reconnu comme tel.

Il arrive très souvent que le jeune qui a appris à maîtriser le langage et connaît désormais la valeur de cette maîtrise nous dise : « Maintenant, *je pense* quand j'écris. » Nous savons alors qu'il se sent en contact avec une consistance intérieure, avec une force qui lui appartient désormais et sur laquelle il a le contrôle.

Parler sa langue originelle constitue enfin un véritable ancrage identitaire, qui contribue à la construction de la personne. Il est largement avéré que nous nous constituons à partir du code particulier qu'est notre langue maternelle. Nous nous reconnaissons en elle, et il y a entre elle et nous une relation profonde, dont nous ne mesurons pas toujours la portée. Une langue, dit-on, c'est le pays qu'on habite, le lieu de ses origines. Ces métaphores traduisent bien la puissance d'un attachement constitutif de notre personne en devenir. Bien au-delà d'une étiquette administrative (je suis islandais, canadien, péruvien...), je suis quelqu'un qui se construit par sa langue d'origine. N'est-ce pas la nature même de cet attachement qui explique que des personnes ayant vécu la majeure partie de leur existence dans un pays étranger dont elles maîtrisent parfaitement la langue, lorsqu'elles vieillissent et perdent l'usage facile de la parole, retrouvent leur capacité d'expression si l'on s'adresse à elles dans leur langue maternelle, la langue où s'origine leur présence au monde ? N'est-ce pas aussi ce qui explique que des patients âgés atteints de la maladie d'Alzheimer peuvent « redevenir eux-mêmes » quand on leur parle la langue de leur enfance, telle cette femme d'origine bretonne, mutique ou incohérente, à qui son aide-soignante s'adressa en breton : son visage s'illumina et elle lui répondit non seulement avec une bonne maîtrise du breton mais en tenant des propos tout à fait sensés, dignes d'une *personne*.

C'est pourquoi encore l'enfant de parents qui ne partagent pas la même langue maternelle, bilingue lui-même, préfère en général l'une des deux langues à certains moments spécifiques, déterminants pour lui-même, et qui ne sont pas toujours objectivement explicables. En tout cas, il lui faut *une* langue, à laquelle il s'identifiera, qu'il emploiera spontanément, en particulier dans les moments émotionnellement forts, quand ce qui est à dire est essentiel. « Je préfère parler et écrire en français pour exprimer les connaissances que j'apprends en classe ou en dehors, dit Elliot, 15 ans ; mais quand il s'agit de moi, de ma vie, je parle et j'écris en anglais. »

Chacun s'arrangerait ainsi avec la langue à laquelle il s'identifie le mieux. La démarche est tout sauf anodine. Il est trop facile d'expliquer cette relation quasi fusionnelle avec sa langue maternelle par la seule familiarité. Elle implique en effet à l'évidence des besoins identitaires, profonds et essentiels. Parfois, immergé dès son enfance dans deux langues, un enfant peut ne pas les différencier, comme Amélie Nothomb, née de parents belges et vivant au Japon, le raconte : « Pour moi, il n'y avait pas des langues, mais une seule et grande langue dont on pouvait choisir les variantes japonaise ou française, au gré de sa fantaisie [1]. »

En cette ère de grands flux où tant de jeunes quittent leur pays – séjours linguistiques, stages ou emploi plus ou moins définitif –, beaucoup constatent avec surprise combien leur manque leur langue maternelle. Même très à l'aise dans une langue étrangère, ils souffrent de ne pas pouvoir exprimer exactement leurs pensées, leurs ressentis, les nuances qu'ils veulent signifier, sont frustrés de ne pouvoir jouer sur et avec les mots. Ils mesurent alors la réalité des effets sur soi du mot juste, du mot qui ne les trahit pas. Dans son roman *Le Recommencement* [2], Peter Handke met en scène un narrateur, Philippe Kobal, engagé dans l'existence comme par méprise, qui rêve de retourner à ses origines, en Autriche, pour y retrouver son frère. Mais en rentrant au pays natal, ce n'est pas avec des êtres ou des lieux qu'il renoue, mais avant tout avec sa langue, seul pays maternel, mythique, patrie du « rare mot juste » et, à travers lui, la seule véritable possibilité d'*être*. Avec le mot juste, inscrit dans son univers originel, le narrateur se sent posséder « une âme », dit-il. Cette lecture touche les jeunes exilés et leur donne le goût des mots vrais qui savent nommer leurs sentiments, leur révéler la valeur que leur vie intérieure mérite.

Se relier à l'autre

La relation à soi, ne l'oublions pas, se construit comme une intériorisation du discours de l'autre, et pour l'autre. La première relation à se nouer est celle qui nous rattache aux autres.

Rappelons-nous le mal-être d'Amélie : « Je n'intéresse personne… Je suis toute seule. » Et celui de Thomas, qui se sent exclu du groupe de ceux qui se comprennent, qui refuse de lire, convaincu qu'il ne saura pas partager le sens avec l'auteur, avec les autres lecteurs. Le besoin de se sentir relié aux autres, d'être présent aux autres, est fondamental. Il ne s'agit pas seulement d'avoir des « relations », de ces « amis » virtuels prédits par les grands ordonnateurs électroniques de notre vie affective, mais bien d'être dans un partage fort, de se sentir appartenir à une communauté authentique, quel que soit ce qui unit ses membres : une émotion, une pensée, une vision du monde… Dans le cas des émotions, on peut parfois se passer de mots – et encore ! Mais pour construire la relation aux autres, les mots vont peser de tout leur poids.

Les enjeux sont de taille : il s'agit, ni plus ni moins, de se faire comprendre de l'autre et de savoir le rejoindre dans ce qu'il est, en lui donnant les preuves qu'il est bien compris. Une conscience rencontre une autre conscience par le fil magique du langage clair et maîtrisé, dépouillé de ces parasites que sont les pulsions et les influences extérieures. Cela s'appelle le dialogue.

L'enfant ou l'adolescent semble aujourd'hui constamment sollicité à prendre la parole ! À l'école : « comment comprenez-vous cette phrase ? » ; « par quels arguments discuter la thèse du romancier… ? » ; « pourquoi l'auteur de ce document peut-il affirmer que… ? » ; « racontez comment un jour vous vous êtes trouvé dans la même situation que le personnage du texte et ce que vous avez alors éprouvé ? » ; « il faudrait participer davantage »… En famille ou avec les amis : « et toi, comment tu vois les choses ? » ; « tu n'as donc pas d'avis ? » ; « tu ne veux donc pas prendre ta part à la décision ? » ; « on fait sans toi, alors ? »… Mais parler avec les autres suppose déjà d'avoir surmonté bien des écueils. D'abord se percevoir comme quelqu'un capable de *vouloir-dire* quelque chose et de le dire à quelqu'un d'autre ; puis prendre conscience de l'enjeu de ses paroles, et enfin déterminer l'expression la plus juste et la plus convaincante qui révélera la pertinence de nos paroles. Autant de prérequis qui reposent sur la bonne maîtrise du langage.

La relation aux autres permet de grandir parce qu'elle crée une situation de coconstruction. La maîtrise des mots, également acquise, fera que chacun se sentira une personne qui peut se relier à une autre personne. Et chacun alors s'augmentera de ce que l'autre dépose dans la relation : ce que nous avons à nous dire.

Et comme, nous l'avons vu, nous sommes présents dans nos mots, nous nous enrichissons réciproquement de la présence qui habite l'autre. Être à son écoute, dans l'effort d'accueillir ce qu'il a à nous dire, détermine notre capacité à ouvrir nos frontières intérieures. La posture n'est pas facile à tenir. Mais, à coup sûr, c'est l'une des plus fécondes, pour soi comme pour l'autre.

On le sait, les jeunes ont bien souvent du mal à concevoir cette attente de leurs parents à leur égard : qu'ils soient capables de recevoir ce qu'ils ont à leur dire, au nom des bénéfices qu'ils pourraient en tirer. Il ne s'agit nullement ici d'une attitude de soumission, mais du consentement à la transmission comme condition de la construction de la personne.

Il est impossible, en effet, de véritablement se construire en étant en rupture avec les autres. Faute de posséder les mots pour *se dire* et/ou les mots par lesquels on sait recevoir ce que l'autre dit, on reste dans l'inaccompli, dans un *manqué*. Nous entendons si souvent les parents ou les enseignants se désoler à l'idée que ce qu'ils souhaitent transmettre reste perdu. L'occasion est manquée pour les enfants et les adolescents d'ajouter à ce qu'ils sont *déjà*. Impressions, expériences, multiples facettes de la vie quotidienne partagée ; discussions autour d'un sujet-problème (on songe à ces « disputes » qui, au Moyen Âge, étaient perçues comme le mode d'enseignement le plus efficace), où chacun exprime et défend sa pensée, cherche à convaincre, et s'en donne les moyens langagiers *parce que* par ailleurs précisément il a su entendre des paroles différentes.

Ce n'est jamais facile de convaincre un jeune esprit que ce sont là des conditions favorables à son édification, et, en réponse à ses récriminations inquiètes (« vous voulez me changer ! »), de lui montrer que c'est tout le contraire : « Non, il s'agit toujours de ce que tu es, mais un toi qui s'étend et qui conquiert peu à peu son être propre, différent puisque chacun fait de ce qu'il reçoit une matière particulière. »

Cette différence n'est pas à revendiquer sur le mode individualiste des credos dont nous abreuve une certaine psychologie de bas étage : « Réalisez-vous ! », « Devenez vous-même ! » Il s'agit plutôt d'être « différent au milieu de ses semblables », pour reprendre la formule provocante du dramaturge Eugène Ionesco – qui connaissait bien les dangers et de la soumission aveugle et de la négation d'autrui ! Nous la proposons volontiers à nos jeunes en recherche d'eux-mêmes, afin qu'ils résistent aux « vents contraires » identifiés dans les premières pages de ce livre. La maîtrise du langage, voilà l'instrument de la résistance, qui ne servira pas à se distinguer à tout prix en niant les autres, mais à reconnaître la personne en eux, exerçant ainsi la « liberté responsable » dont Emmanuel Mounier fait précisément l'un des fondements de la personne.

2

Un instrument de liberté :
La vocation de la personne

Nous qui avons en charge le développement d'enfants et d'adolescents, nous ne pouvons pas rester sans réagir à leur indifférence, parfois désabusée, parfois provocatrice, parfois bien commode pour eux, envers ce qui leur est proposé, dans le cadre familial, scolaire ou social. Comment accepter cette tranquille réponse de Julia, au seuil de son entrée au lycée : « J'apprends ce qu'on me dit d'apprendre ! C'est bien ce qu'il faut faire, non ? Ce qu'on peut en dire, quels sens ça a, non franchement, j'ai pas à le faire… Je verrai ça plus tard ! »

Et pourtant, il existe tant de beaux textes sur les dangers de l'ignorance, qui leur sont prioritairement destinés ! Voltaire, Hugo, Tocqueville… ou encore Fernando Savater, moins présent dans les classes, qui mène pourtant un combat passionnément engagé pour l'éducation, en particulier pour rapprocher les jeunes de la philosophie : « La démocratie ne craint rien plus que l'ignorance », affirme un de ses leitmotivs [1]. Or la pire des ignorances est sans doute l'ignorance du danger, l'incapacité à repérer la manipulation et à déjouer les manipulateurs, qui ont beau jeu, alors, d'exploiter la faiblesse des jugements, des convictions ou des valeurs. Quand on n'a pas les mots, comment réfléchir, évaluer, écouter et convaincre ? Comment préserver son bien le plus précieux : ses libertés ?

Parlons aux jeunes de la liberté comme un instrument de choix, et de choix responsable. Les deux termes ne sont pas à détacher. Eugène Ionesco disait encore, dans une conférence tenue en 1961 :

> L'homme moderne, universel [...] ne comprend pas que dans le fond, c'est l'utile qui peut être un poids inutile, accablant. Or, des gens qui n'ont pas le temps de réfléchir, sans esprit, ce sont des gens qui s'offrent au fanatisme délirant, à toute sorte de rage collective [...]. Impératif d'autant plus urgent dans un monde en crise : il faut trouver la force de penser un monde meilleur [2].

Tout en dénonçant le diktat de l'utile, le dramaturge rappelle que la réflexion qui garantit la liberté nécessite de la disponibilité, du temps. Et des moyens, ajoutons-nous volontiers !

C'est là tout l'enjeu de cet ouvrage : donner aux jeunes gens, le plus largement possible, les moyens nécessaires pour que leur esprit exerce son rôle – donne du sens à la pensée et à l'action, entrave le développement inquiétant d'un « monde sans désirs, sans idéal, sans insolence, un monde d'automates privés de ce qui fait qu'un être humain [l'est] vraiment : la capacité de sortir de soi-même pour devenir un autre et des autres, modelés dans l'argile de nos rêves [3] ». Ainsi Vargas Llosa décrit-il un monde qui serait privé de littérature… Donner à nos enfants le pouvoir de s'approprier le sens de paroles édifiantes, à mettre en actes, et de se libérer du diktat des imaginaires liberticides qui s'imposent à grand bruit, tel est le rôle que nous avons en partage.

Voici comment Léo, adolescent de presque 17 ans, fut amené à comprendre la nécessité de préserver son pouvoir de choisir librement, lors d'une séance de travail où, de façon bienvenue, il fut question des différentes voies par lesquelles l'homme devient un être libre.

« J'ai lâché ! », avoue-t-il.

Léo se sent couler sous la masse d'informations, les flots verbaux qui se déversent sur lui de partout : « Au lycée, on nous donne des textes et des textes… ! Chacun y va de ses opinions. Ça se contredit, c'est d'accord sur rien ! On nous dit de regarder les débats à la télévision, de lire les journaux, de discuter avec les adultes ou entre nous… Ça sert à rien de nous gaver ! Ça sert surtout en fait à… nous pousser à ne plus écouter !

– Ce n'est donc pas une chance, cette diversité d'opinions et d'arguments ?

– Franchement, et je suis pas le seul, on est noyé ! On aimerait que ce soit plus simple. On verra plus tard pour le compliqué !

– Tu préférerais avoir seulement quelques idées simples, sélectionnées à votre intention, c'est cela ?

Mais cette liberté de pouvoir faire des choix, et dont tu as nécessairement une petite idée, qu'en fais-tu ?

– Ce serait plus simple, oui. Si les idées sont bien choisies, c'est qu'elles sont utiles, non ? D'ailleurs, l'autre jour, on l'a dit au prof de français, ça a été chaud ! »

Le professeur avait en effet proposé une réflexion sur les voies de la conquête de la liberté, à partir d'un ensemble de textes aux visions différentes. La liberté, voilà un thème qui ne pouvait que leur parler ! En réalité, il ne parla guère à ses élèves. Transmission manquée ?

Que faut-il faire : reprocher aux jeunes l'indigence de leur esprit, et tant pis pour les dégâts ? Redoubler d'imagination pour tenter de les convaincre, ne serait-ce qu'un peu : mais à quel prix et jusqu'où pousser cet effort ? Ou choisir la tactique du détour : les distraire pour leur faire lâcher l'objet de la polémique à laquelle ils s'accrochent comme à une proie ? Une fois leur attention détournée, ils changent de perspective. L'occasion est belle d'amener Léo à penser que choisir est un acte de liberté. Et que pour pouvoir choisir, il est nécessaire de s'ouvrir à différentes hypothèses.

Pour plus d'efficacité, il a été intéressant de le renvoyer à lui-même. Supporterait-il que son enseignant lui dise : voilà ce qu'il faut penser, voilà le juste, et l'unique juste ? !

La réponse fut immédiate : non, bien sûr ! Une première étape sur le chemin de l'effort pour interroger la diversité et la complexité du sens, et construire sa liberté responsable.

« Dit comme ça…, répond Léo, pensif.
– Dit comme ça, c'est possible ?
– C'est possible », murmure Léo.

Léo est désormais prêt à écouter pour choisir, et préserver une liberté qui va le rendre auteur de ses actes et de ses paroles.

Contre toute attente, chez les adolescents surtout, « l'élève » n'est pas toujours relié à « la personne » qui consent à la transmission. Comme si l'enseignement des sciences humaines était dissocié de *sa* vie, comme si la réflexion restait une abstraction, coupée de *la* vie, qui elle au moins serait concrète ! Il faut les amener à s'interroger sur cette vision fausse, qui en éloigne tant de l'enseignement.

3

Un instrument de développement :
Je suis plus grand que moi

La personne est en devenir permanent. Se développer, grandir, devenir plus grand que soi : pour cela aussi nous avons deux sources inépuisables, infiniment renouvelables. Toutes deux sont alimentées par le flux du langage. Celui des autres, les auteurs de nos livres ; et le nôtre, dans l'écriture. Lire et écrire étendent et densifient notre existence. Lire et écrire participent de façon irremplaçable à la construction de la personne.

Quand je lis

Si je suis plus grand que moi quand je lis, c'est que lire, c'est *plus* que se distraire, s'évader par l'imagination ou découvrir d'autres visions, d'autres destins, d'autres pensées… C'est aussi plus que rencontrer « quelqu'un dans ses mots ». Lire, c'est grandir de cette rencontre, en consistance et souvent en hauteur de vue ! En lisant, je comble ce que je ne possède pas. Je peux mener des vies que je n'aurais jamais eues. Par mes lectures, ma vie se multiplie.

Une lecture peut provoquer des sensations fortes par la seule magie de l'évocation : quand un enfant ou un adolescent en fait l'expérience, c'est la puissance suggestive des mots qui s'ouvre à lui. Les mettre « au travail des mots », c'est aussi leur souhaiter d'avoir le « cœur battant » et le « souffle coupé » dont parle Yves Berger dans les récits de son enfance. Dans son roman *Les Matins du Nouveau Monde* [1], il raconte en effet comment le jeune lecteur passionné qu'il était « prend feu » à la lecture du roman de Fenimore Cooper, *Le Tueur de daims* : immobile dans son lit, en apparence inanimé, il se transforme intérieurement en « une statue élevée », comme rendu à la vraie mesure de son être tel qu'il le rêvait.

À la lecture, la vie s'anime de sensations, mais aussi de l'activité de toute la pensée. En lisant, je suis présent à un autre qui me conduit au-delà de mes propres frontières. Je prends ce qu'il me dit, puis je reviens vers moi, enrichi de nouveautés : changé. Elles existent désormais en moi, y fructifient. Elles font résonner une présence en moi que je ne soupçonnais pas. Une expérience maintes fois racontée par les écrivains, mais que je peux reconnaître comme mienne. « Il fait plus clair, quand quelqu'un parle », dit en effet le poète Claude Roy [2]. Plus clair *le* monde, plus clair *mon* monde. Dans la lecture, quand une parole tombe juste ou arrive à point, quelque chose d'essentiel se passe : un éveil à nous-mêmes. Ce que je suis et peux devenir me devient plus visible. « En réalité, affirme Marcel Proust dans un petit texte consacré à l'expérience de la lecture, chaque lecteur est, quand il lit, le propre lecteur de soi-même [3]. »

Quand j'écris

Nous ne sommes pas des écrivains ; mais faut-il l'être pour ressentir l'écriture comme un besoin, comme un acte qui nous rend plus vivants ? Nous sommes déjà très nombreux à pouvoir dire que non. Mais il y a encore tant d'actions à mener, tant de batailles à gagner, tant de moyens à imaginer pour qu'écrire soit pour tous…

« Je ne sais pas bien écrire, regrette Elissa, mais tant pis : j'écris quand même tout le temps ! » Elle a bien raison, car cette passion la place d'emblée dans le désir de l'exigence des mots. Songeons au succès que connaissent les ateliers d'écriture, en particulier ceux qui se multiplient dans les prisons ou les lieux de soins, ceux aussi proposés au public de manifestations littéraires. Ou encore aux témoignages que nous adressent, des années plus tard, ceux que nous avons aidés à guérir leur « mal de mots ». C'est toujours la même idée qui revient : leur vie est transformée ; ils se sentent enfin eux-mêmes, se découvrant comme ils n'avaient jamais espéré *être*.

Quel est donc ce besoin qui nous met seuls face à nous-mêmes, au cœur d'une intimité parfois assourdissante tant elle regorge d'impressions, d'images et d'émotions envahissantes, pour y creuser, s'acharner à trouver la forme juste, décisive ?

J'écris pour tenter de comprendre ce que je ne comprenais pas.

J'écris pour donner corps et structure à ce qui restait inconsistant et informe dans ma pensée.

J'écris pour rester fidèle à ce que j'ai vécu, rêvé, éprouvé, réfléchi.

Pour rendre comme un hommage à ma vie, la mettre en mots choisis, et lui donner à mes yeux une plus grande valeur.

J'écris pour apparaître dans mes mots, y trouver ma présence. Et même si ce que j'écris, d'autres peuvent l'écrire aussi, ce sera toujours mon aventure singulière.

J'écris et je me vois plus « grand » que je ne croyais l'être. C'est ce qu'Elouan, 16 ans, dit un jour, encore tout étonné de lui-même, son dernier contrôle d'économie en main : « Je me suis relu… J'en revenais pas ! Je pensais pas que je pouvais écrire comme ça ! »

Lire et écrire engagent notre vie. C'est pourquoi la conquête de la maîtrise des mots est un *droit* pour chacun : elle nous concerne tous, elle est une nécessité, fondatrice de notre humanité. C'est pourquoi aussi, nous en sommes convaincues, c'est le *devoir*, chacun depuis sa place, des parents comme des enseignants ou de tout adulte responsable auprès d'un jeune, de l'accompagner pour qu'il comprenne et s'approprie les règles du langage, afin de s'en faire un instrument tout personnel de relation, de liberté, de développement. Concevoir l'éducation linguistique comme une donnée essentielle de la pédagogie de la personne, c'est lui donner sa dimension la plus profonde, celle qui devrait encore, chers parents, renforcer votre détermination à endosser le rôle de « guides au pays des mots ».

Conclusion

L'écriture de ce livre avait un but précis : montrer que, sans le pouvoir de construire du sens, une part essentielle manque à l'édification de la personne que chaque enfant a la vocation de devenir.

Et c'est parce que la personne humaine n'est jamais achevée que le développement de l'outil premier du sens, le langage, ne l'est pas non plus. C'est l'affaire de toute une vie ! Cela, parents, vous le comprenez bien lorsque vous dites vous-mêmes à votre enfant, lors de notre première rencontre : « C'est un travail qui n'est pas fait que pour l'école : il te servira pour toute ta vie ! »

Désormais, vous savez quelle part vous pouvez prendre à ses côtés et, par voie de conséquence, dans un projet de société qui est à partager le plus largement possible.

C'est à nous, adultes, qu'il revient d'être vigilants afin que nos enfants ne gaspillent pas leur potentiel « à des choses insignifiantes et nulles et fades », obtiennent « peu à peu plus de lumière » et deviennent « plus fort[s] », pour reprendre les mots de Vincent van Gogh. C'est là un devoir incontestable, immédiat, et qui engage notre entière responsabilité :

le devoir de les éduquer au pouvoir et à la valeur des mots.

Les enjeux essentiels qui motivent notre démarche interdisent, vous l'aurez compris, de la réduire à un quelconque combat d'arrière-garde. En vous invitant à nous rejoindre, nous sommes certaines que la cause de la maîtrise des mots est une cause intemporelle et universelle. Elle est cependant plus urgente encore dans un monde qui a démultiplié et rendu incontournables les modes de communication dont savent si bien se servir ceux à qui profite l'abandon de notre pensée. D'autant plus urgente, aussi, que l'on peut craindre les effets d'une défaillance dans la réflexion sur l'École : y est absente en effet la réflexion sur le statut de la parole, et donc de la personne. Trop axée sur la transmission des savoirs, l'École oublie de traiter la question de l'éducation au langage en termes de construction de la personne, et de dire clairement aux jeunes que cette éducation est la condition même de la capacité à gagner une parole personnelle, c'est-à-dire à gagner le lexique pour se penser soi-même, pour se tourner vers soi en ne craignant pas de se séparer de temps en temps du bruit du monde, en développant une culture de l'intériorité.

Redisons-le : non, nos enfants ne sont pas plus idiots qu'avant ! Mais leur pensée et leur aptitude à l'effort d'apprendre sont plus menacées et plus agressées qu'avant : le rapport de force est si inégal qu'ils s'offrent beaucoup trop nombreux à l'ennemi ou courent le risque de devenir leur propre ennemi.

L'éducation au pouvoir des mots et à l'usage juste que l'on doit en faire est pleine de promesses. Celle d'apaiser les troubles de l'âme n'est pas la moindre. Dans une société en effet qui conçoit le psychisme comme d'ordre essentiellement émotionnel, nous oublions que le soin de notre être intellectuel a ses propres effets psychothérapeutiques. Le gain en estime de soi et en confiance en soi, pour les enfants qui parviennent à dépasser leurs difficultés, est inestimable.

Nous ne pouvons pas bien vivre sans que notre être spirituel, en quête de sens, soit nourri lui aussi. Satisfaire notre besoin de sens, c'est en effet nous donner les moyens de construire notre bien-être. La joie que l'on éprouve à comprendre, à réfléchir, à interroger, à discerner pour mieux guider notre action, reflète et préfigure le bonheur qu'assure le sentiment de pouvoir se donner une vie riche de sens.

NOTES

Première partie

1. Des vents contraires

1. Paul Valéry, *Le Bilan de l'intelligence*, 1935.

2. Henri Bergson, *Essai sur les données immédiates de la conscience* [1889], GF-Flammarion, 2013.

3. George Steiner, *Dans le château de Barbe-Bleue : notes pour une redéfinition de la culture*, Gallimard, 1986.

4. Notons au demeurant que, dans un ouvrage plus récent de George Steiner, la musique est elle aussi présentée comme incapable de faire obstacle à la barbarie : « On aurait pu espérer que les grands musiciens refusent de jouer et disent : non, je ne peux pas jouer du Debussy (comme l'a fait Gieseking à Munich) quand j'entends les cris de ceux qui meurent de faim et de soif en chemin pour Dachau. Mais non, on joue une série de concerts apparemment féeriques de beautés et de profondeurs musicales. » *Un long samedi*, « Les humanités peuvent rendre inhumains », Flammarion, 2014, p. 120-121.

5. Voir en annexe, p. 270, l'apologie de la grammaire faite par Élisabeth Vaillé-Nuyts.

6. Voir sur ce sujet l'analyse des phénomènes inédits qui secouent le langage contemporain chez Henriette Walter, *Le Français dans tous les sens*, Robert Laffont, 1988.

7. Il existe un organisme qui réfléchit sur la place et l'utilisation du numérique à l'école : la Fondation Internet Nouvelle Génération (FING).

8. *Digitale Demenz*, Ed. Droemer/Knaur, 2012. Best-seller international, l'ouvrage n'a pas encore été traduit en français. Le passage qui suit est inspiré d'un compte rendu du livre paru en août 2013 dans *Le Temps* (et disponible en ligne).

9. « Une accumulation de faits n'est pas plus une science qu'un tas de pierres n'est une maison. » Henri Poincaré, *La Science et l'Hypothèse* [1917], Flammarion, « Champs », 2014.

10. Dans ce domaine, l'inculture exclut une partie croissante de la population du partage des codes culturels indispensables pour prendre sa place dans le monde moderne. Cette « fracture numérique » concernerait actuellement environ 15 % de la population, selon Bernard Benhamou, délégué aux usages de l'Internet pour le ministère de la Recherche et de l'Économie numérique (http://www.slate.fr/story/71745/illectronisme-illettrisme-grande-cause-nationale).

11. Philosophe spécialisée dans l'étude du rapport aux images, Marie-José Mondzain rappelait à l'occasion des attentats de Paris en janvier 2015 que, face aux images, il est impératif de substituer la réflexion au choc émotionnel traumatique et à la sidération.

12. René Huyghe est psychologue et philosophe de l'art, auteur notamment de *Les Puissances de l'image*, Flammarion, 1965.

13. Charles Taylor, *Les Sources du moi*, Éditions du Seuil, 1998.

14. Peter Sloterdijk, *Critique de la raison cynique*, traduit de l'allemand par Hans Hildenbrand, Christian Bourgois, 1987.

2. Repérer la défaillance langagière

1. Voir notamment le travail de Liliane Lurçat : *La Destruction de l'enseignement élémentaire et ses penseurs*, François-Xavier

de Guibert, 1998 ; ou encore *Pourquoi des illettrés ? L'écriture et le langage écrit de l'enfant*, Éditions du Rocher, 2004.

3. La question des dyslexies

1. L'établissement accueille des élèves en difficulté du CE1 à la 3ᵉ et les aide à réintégrer un cursus classique.

2. En particulier les conclusions de Stanislas Dehaene, professeur au Collège de France, titulaire de la chaire de psychologie cognitive expérimentale et membre de l'Académie des sciences.

3. Voir p. 272.

Deuxième partie

2. Naître au langage et au sens

1. Boris Cyrulnik, *La Naissance du sens,* Hachette, « Pluriel », 2010.

2. Lewis Carroll, *Alice au pays des merveilles,* trad. Henri Parisot, GF-Flammarion, 2010.

3. Guy de Maupassant, préface de *Pierre et Jean*, 1888.

4. Albert Camus, « Sur une philosophie de l'expression », *Poésie 44*, 1944.

5. *La Maison de Claudine*, « Le curé sur le mur », 1922.

6. Lev Vygotski, *La Pensée et le langage*, La Dispute, 1997.

3. Le langage, c'est la vie

1. *La Naissance du sens, op. cit.*

2. Montaigne, *Les Essais*, I, 8, 87.

3. Paul-Jean Toulet, *Les Contrerimes*, Gallimard, « *Poésie* /Gallimard », 1979, p. 93.

4. On entend par cognition les processus mentaux qui traitent l'information : apprendre, raisonner, analyser, évaluer

pour prendre une décision, clarifier, exécuter ; mais aussi percevoir, se mouvoir dans l'espace et même s'émouvoir, comme l'affirme le professeur en neurosciences et psychologie Antonio Damasio, démontrant ainsi que l'émotion est impliquée dans la prise de décision.

5. Erri De Luca, *Les poissons ne ferment pas les yeux*, Gallimard, 2014.

6. Traduction d'Henri Parisot.

Troisième partie

1. Éveillez sa conscience linguistique

1. Molière, *Le Bourgeois gentilhomme*, II, 4.

2. Le WISC, ensemble de tests des capacités cognitives pratiqués en France, est construit avec un écart-type moins grand que les tests anglo-saxons. Il concerne les enfants de 6 ans à 16 ans et 11 mois. Le WISC-IV (dernier-né qui rend les précédents obsolètes) est complet et fin dans l'analyse des atouts comme des difficultés de l'enfant, et décrit avec précision les différentes composantes de l'intelligence. L'ouvrage du Pr Jacques Grégoire, *L'Examen clinique de l'intelligence de l'enfant. Fondements et pratique du WISC-IV*, en offre une bonne présentation.

2. Nourrissez son désir de mots

1. L'idée est énoncée dans deux textes différents : la préface à *Jeunesse à l'abandon d'Aichhorn* (1925) et *Analyse terminée et analyse interminable* (1937).

2. Le principe de « bienveillante fermeté » relève de la « Discipline positive », conçue par le psychologue Alfred Adler, un contemporain de Freud défendant contre lui l'idée d'une motivation dans la psychothérapie, répondant au besoin chez

tout individu d'*appartenir* et de *contribuer.* La Discipline positive est aujourd'hui une méthode d'éducation qui a rencontré un grand succès aux États-Unis avant d'être introduite et popularisée en France (voir l'ouvrage de Jane Nelsen, adapté par Béatrice Sabaté, *La Discipline positive*, Éditions du Toucan, 2012).

3. Julien Gracq, *En lisant en écrivant*, José Corti, 1980.

4. *Le Meilleur des jeux de mots*, Hachette, « Mille et Une Nuits », 2006.

3. Guidez la construction de sa pensée

1. Umberto Eco, *Lector in fabula*, Grasset, 1985.

2. Pour un autre exemple du travail d'apprentissage et de mémorisation, voir *supra*, p. 70-73.

Quatrième partie

1. Emmanuel Mounier, *Le Personnalisme*, Puf, 1949.

2. Daniel-Rops, *Éléments de notre destin*, Éditions Spes, 1934.

1. Un instrument de relations

1. Amélie Nothomb, *La Métaphysique des tubes*, Albin Michel, 2000.

2. Peter Handke, *Le Recommencement*, Gallimard, « Du monde entier », 1989.

2. Un instrument de liberté

1. Fernando Savater est notamment l'auteur d'*Éthique à l'usage de mon fils* et de *Politique à l'usage de mon fils*, d'où est tirée cette citation.

2. Cité dans un texte de Nuccio Ordine qui pointe « le dessèchement de l'esprit » menaçant notre monde : *L'Utilité de l'inutile. Manifeste*, Les Belles Lettres, 2013.

3. Mario Vargas Llosa, lors de la remise du prix Nobel de la littérature en 2010.

3. Un instrument de développement

1. Yves Berger, *Les Matins du Nouveau Monde*, Grasset, 1987.

2. Claude Roy, *Permis de séjour*, Gallimard, 1983.

3. *Sur la lecture* est la préface que Marcel Proust écrivit en 1905 pour sa traduction de *Sésame et les Lys* de l'écrivain, peintre et critique d'art anglais John Ruskin.

ANNEXES

Témoignage d'une professeure des écoles

Catherine Lesavre a, depuis trente-cinq ans, la charge de classes maternelles et primaires. Elle s'est beaucoup formée à l'enseignement de la maîtrise de la langue et se sent très engagée dans sa transmission. Elle nous a fait part de ses constats et nous a indiqué quelques-unes des ressources qu'elle utilise dans le cadre de sa classe. Catherine a également participé au projet « Dire, Lire, Écrire » (GSM, CP, CE1) dans le cadre de l'atelier « Écrire en grande section ? Vous n'y pensez pas ! » Voici son témoignage.

« Nous constatons depuis plusieurs années que le mode de vie des familles a changé. Il y a moins de temps de dialogue entre parents et enfants. Les parents ne parlent plus autant avec leurs enfants. Très occupés ou fatigués, ils reconnaissent chercher la tranquillité en les mettant à jouer sur les DS, Smartphones et autres tablettes : les enfants sont alors calmes, bien occupés. Chacun dans son coin ! On se retrouve quand même pour les repas, mais souvent devant la télé… Le plus souvent, les parents ne voient pas le problème, ni pourquoi ils devraient changer d'attitude. Mieux, ils se disent étonnés et fiers que leurs enfants soient aussi brillants et à l'aise dans la manipulation de ces outils interactifs, qu'ils ont eux-mêmes parfois du mal à maîtriser.

À l'école, c'est flagrant. Les enfants sont de plus en plus en manque de mots : le lexique s'est dramatiquement appauvri, et ce constat est unanime chez les spécialistes de la petite enfance et les enseignants du premier cycle. Je déplore qu'à 6 ans, un nombre important de mots leur soit aujourd'hui inconnu : ils ignorent par exemple comment se nomme la partie supérieure de nos jambes, la cuisse.

De plus en plus, on constate que, dans le cadre du travail en groupes, un mot nouveau découvert et dont pourtant le sens et l'écriture ont été travaillés a très peu de chances d'être mémorisé et restitué le lendemain : le mot s'est envolé ! Sauf à donner, en support, le rappel du texte dans lequel le mot a été rencontré : "Ah oui, disent alors certains, on l'a vu dans l'histoire du vilain petit canard !" Il nous faut de plus en plus imaginer des moyens pour compenser leur manque de concentration et d'attention.

Le temps passé aux apprentissages collectifs s'est appauvri : en famille, on joue de moins en moins aux cartes, à des jeux de société qui requièrent de la concentration et une capacité à tenir compte des autres, à se sentir engagé dans une activité partagée. En classe, il est manifeste qu'ils manquent de concentration, voire qu'ils ne se sentent pas concernés. Devant le manque de succès de ces activités, nos enseignantes proposent de moins en moins de jeux d'apprentissage collectifs. Cet abandon est pourtant préjudiciable au développement mental et psychologique.

L'apprentissage "individuel", ou en petit effectif, fonctionne mieux : cela signifie à nos yeux que l'enfant a de plus en plus besoin que l'on soit avec lui, pour lui, je dirais même *sur* lui ; il a besoin d'être tenu, guidé. Sinon, il lâche très vite.

Je voudrais insister sur l'apprentissage de l'orthographe : les enfants utilisent le code *texto* comme langage commun dans leurs échanges en primaire ; ils disent se comprendre entre eux : "C'est plus simple, pourquoi écrire autrement ?" Nous ne pouvons que faire ce constat : ils sont de moins en moins capables de restituer les mots dans leur orthographe et de produire du texte avec une orthographe correcte, au regard de leur niveau bien sûr.

Nous comprenons le désarroi des parents conscients de tous ces manques et difficultés. Et nous nous voyons plus que jamais sollicitées : "Nous, parents, sommes mal placés pour développer leurs compétences au langage, ils sont moins réceptifs avec nous. C'est le rôle de l'école ! Nous comptons sur vous, enseignants, pour leur faire découvrir et aimer les mots…"

Certes ! Mais la situation se dégradant régulièrement, nous ne pouvons plus penser les choses en ces termes : je crois vraiment, et cet avis est très partagé à l'école élémentaire, qu'il faut au contraire tous nous associer, responsables scolaires et familles, pour donner aux enfants les chances de posséder les moyens d'exprimer et de comprendre. »

Entretien avec une orthophoniste

Dominique R., 37 ans de pratique, recense les questions les plus récurrentes qui lui sont posées et y répond.

Quand consulter ? À quels signes s'inquiéter ?

Le CP et le CE1 sont des temps d'apprentissage où l'on peut remarquer les difficultés caractéristiques des troubles liés à la dyslexie. Mais déjà au cours des années de pré-apprentissage (dernières années de maternelle), les enseignants peuvent repérer des troubles spatio-temporels, comme le processus cognitif de la discrimination visuelle, notamment, qui permet de distinguer les particularités des formes des lettres ; il s'agit alors d'alerter les parents quant à une éventuelle dyslexie, en les incitant à consulter. Ils sont vigilants face au désarroi et aux interrogations des parents, d'autant plus inquiets s'ils sont eux-mêmes dyslexiques.

En général, ce ne sont pas les médecins qui déclenchent les tests. Ils ont d'ailleurs plutôt tendance à se montrer rassurants, lorsqu'ils sont interrogés par les parents devant un retard dans l'acquisition du langage oral chez le petit enfant, et conseillent souvent d'attendre : « Ça va se mettre en place. » On peut cependant constater un bon langage chez un enfant qui se révélera plus tard dyslexique. La vigilance et la prudence sont de mise !

Un bilan orthophonique est indispensable pour identifier ce trouble spécifique qu'est la dyslexie.

Dans le cadre de la rééducation orthophonique, la relation avec ce que l'enfant vit et fait en classe est-elle importante ? Suivez-vous la progression de ses apprentissages ?

Je ne peux engager une réponse générale. Mais pour moi, il est important de communiquer avec les enseignants pour qu'ils adaptent autant que possible leur pédagogie (notes, temps donné aux contrôles, appréciations) à l'enfant qui présente des troubles dyslexiques et pour qu'ils valorisent le plus possible les points positifs. Pour qu'ils évitent aussi de le mettre en échec, de le stigmatiser en le mettant « à part ». L'étiquette « dyslexique » est lourde à porter pour un enfant. D'autant que cette étiquette doit être utilisée avec prudence, car il s'agira souvent de troubles « de type dyslexique ».

Ma rééducation se fait donc en lien avec l'apprentissage scolaire. J'ai un regard sur ce que l'enfant fait en classe – par exemple je travaille avec lui les règles enseignées. Mais j'informe les parents que je ne suis pas là pour lui « faire faire ses devoirs ». Je suis thérapeute du langage, pas enseignante.

La coopération avec les parents est indispensable : les écouter, les conseiller, les impliquer, et les aider à dédramatiser.

Le contact avec les psychologues des collèges et lycées est également important. L'idéal est d'installer une véritable coopération, une synergie !

Y a-t-il une limite à votre pratique ? Et pouvez-vous évaluer que le travail ne fonctionne plus ?

Une limite ? Non, je ne lâche jamais ! Mais il m'arrive d'envoyer l'enfant à une consœur ou à une orthophoniste spécialisée.

Chaque relation, chaque cas est différent et unique. Je ne travaille jamais de la même façon d'un enfant à l'autre. Il y a des enfants que j'accompagne quelques mois, d'autres plusieurs années. Les parents – et on les comprend – sont souvent pressés de voir un résultat. Comprendre la complexité des dysfonctionnements du langage n'est pas facile, et il est normal de vouloir que son enfant progresse : si des progrès ne leur apparaissent pas de façon manifeste, ils peuvent préférer suspendre les séances, interrompre toute rééducation, ou… changer d'orthophoniste.

L'enfant lui-même peut saturer, avoir besoin d'une pause, se lasser, et décider d'arrêter. Or sa pleine et confiante collaboration est indispensable. Il faut qu'il s'investisse, qu'il soit acteur de la rééducation. À moi de le motiver en lui disant et en lui montrant que « ça avance », afin qu'il continue, avec ou sans moi.

Dans quel (s) cas l'enfant ne relève pas d'une rééducation orthophonique ?

La dyslexie est un trouble spécifique, donc isolé, sans autre déficit. Le critère retenu est un retard de deux ans dans l'acquisition de la lecture. Le diagnostic d'une vraie dyslexie est lourd : on apprend à vivre avec, en mettant en œuvre des stratégies de compensation, en développant d'autres atouts, mais on reste dyslexique toute sa vie.

D'autres troubles, non spécifiques, ne relèvent pas d'une rééducation orthophonique : les troubles de la personnalité, les troubles psychologiques, spatio-temporels, les troubles légers de l'acquisition du langage. Il faut bien cibler le problème : l'orthophonie n'est pas la réponse universelle !

Quelle place accordez-vous à la grammaire dans la rééducation orthophonique ?

Elle est, c'est évident, indispensable pour la structure du langage. J'essaie de donner aux enfants le plaisir des mots et de leur faire aimer la grammaire. À cet égard, j'insiste sur le fait qu'il est important que les parents coopèrent avec notre thérapie dans le cadre de la relation familiale : ils doivent coopérer à une relation apaisée avec les mots. Cela nous aide beaucoup.

Or je constate que, globalement, depuis une dizaine d'années, le langage se dégrade et que les enfants présentent de plus en plus de troubles du langage. Le rôle des parents devient alors plus encore essentiel.

Pouvez-vous conseiller une adresse utile ?

En effet, je citerai celle de Prodys, une unité médicale multi-praticiens, dédiée au diagnostic et au traitement de déficiences posturales en lien avec les troubles d'apprentissage (les « dys ») : 1 rue Berteaux-Dumas – 92200 Neuilly-sur-Seine.

On peut ajouter à ce témoignage une prise de position intéressante : celle du représentant de la Fédération française des dys, Vincent Lochmann, qui, afin d'éviter de pénibles déboires aux parents, souvent perdus face aux difficultés de leur enfant « dys », et d'éviter aux enfants atteints de ces troubles une perte de temps très préjudiciable, déconseille fortement le recours à la psychanalyse.

On peut trouver, dans un article du *Nouvel Observateur* du 17 février 2012, quelques points forts de sa pensée, fondée sur ce constat général : certains parents d'enfants souffrant de troubles d'apprentissage ou du langage se heurtent aux mêmes difficultés que les familles d'enfants autistes, et sont victimes des théories et des pratiques freudiennes (mères trop fusionnelles ou distantes, « secret familial », absence du « désir de parler »…) « Or, affirme Vincent Lochmann, les données se sont accumulées en faveur de l'hypothèse de troubles neuro-développementaux d'origine en partie génétique, comme le montrent des travaux de l'Inserm et de Franck Ramus, directeur de recherches au CNRS et membre du comité scientifique de notre Fédération. »

Trop d'enfants « dys » sont selon lui victimes de retard de diagnostic et en situation « d'errance thérapeutique » avec son lot de conséquences : échec scolaire, troubles psychologiques.

Il convient d'aller vers une prise en charge globale, avec une « rééducation adaptée au profil cognitif » de l'enfant, à partir d'un diagnostic pluridisciplinaire avec au moins un bilan de langage, et un bilan neuropsychologique. Il ne s'agit pas d'attendre « un quelconque désir ».

Enfin, la prise en charge psychologique ou psychiatrique ne se fait qu'en cas de besoin (sentiment de détresse due à la situation d'échec) mais ne peut être un substitut à la rééducation, dont les méthodes doivent impérativement être évaluées.

Le multimédia et le cerveau

Au cœur de débats très nombreux et discordants sur les effets de l'usage des nouvelles technologies sur le cerveau, souvent passionnels et empreints de parti pris idéologiques, comment s'y retrouver ?

Pas d'autre voie que celle de se donner le plus possible d'informations, pour tenter de ne céder ni à la peur ni à l'aveuglement. Un seul mot d'ordre, donc : face aux incertitudes, prudence absolue !

Ce qui est cependant notable et nous intéresse ici particulièrement, ce sont les résultats de très nombreuses études qui vont dans le même sens : le recours excessif au multimédia nuit à des activités qui ont fait leurs preuves pour développer les compétences intellectuelles présidant à la pensée réflexive.

Voici donc les conseils de deux analystes qui nous poussent très clairement à la plus grande prudence… et à faire les bons choix pour nos enfants.

Le procès de la télévision par Michel Desmurget

Nous avons sélectionné le travail du neuroscientifique Michel Desmurget. Dans un dossier de la revue *Nexus*, il reprend les grands axes de son ouvrage *TV lobotomie. La vérité scientifique sur les effets de la télévision* (Max Milo Éditions, 2011).

Michel Desmurget dresse un bilan accablant des effets de l'usage de la télévision, qu'il assimile à celui d'une « drogue dure » ; pour lui, il est ainsi plus facile de supprimer la télé, de rester totalement abstinent, que d'en posséder une et d'en contrôler l'usage, « du fait de la puissance de l'outil ». Croire que l'on peut réguler son usage est une illusion dangeureuse. Nous vous invitons à la lecture de ce livre, ou seulement à celle de ce dossier, que vous trouverez sur Internet.

Mais voici déjà des éléments de réflexion. Et d'abord, des chiffres saisissants, propres à nous mobiliser : les études s'accordent pour affirmer qu'un enfant passe 2 h 40 par jour devant un écran de la télévision (DVD compris). Il faut savoir, dit le neuroscientifique que, s'il ne la regardait que « deux à trois heures par semaine, il ne connaîtrait pas les déficits dénoncés : abrutissement, addiction, violence, problèmes de sommeil et donc de santé… ».

Voici quelques-uns de ces chiffres, qui intéressent plus directement le sujet de notre ouvrage :

• 797 heures de TV + 159 heures de vidéo par an (= 956 heures) pour des enfants de 4 à 14 ans contre 864 heures à l'école ;

• 80 % du temps passé par les 4 à 14 ans devant la TV l'est devant des programmes « tous publics » ;

• d'après le collectif « Sauvons les Lettres », une dictée de 3e de 1976 a été soumise en 2009 à 1 348 élèves de seconde. Résultat : 60 % ont obtenu la note 0 et 86 % ont eu une note inférieure à la moyenne ;

• chez les 4-14 ans, deux heures de TV chaque jour en semaine réduit le temps consacré aux devoirs de 28 à 36 % ;

• de 15 à 24 ans, la proportion de jeunes lisant régulièrement un journal ou 20 livres par an a chuté de 50 % en vingt-cinq ans ;

• un enfant de 4 ans entend chaque jour 13 500 mots. Si la TV est allumée quatre heures dans le foyer, ce nombre chute à 10 000.

Par ailleurs, soutient Michel Desmurget, le spectateur de télévision regarde la réalité à travers un miroir déformant (taux surélevés de crimes et d'actes violents au regard de la réalité), et finit par prendre cette image pour la réalité elle-même. Les messages télévisés influencent aussi les comportements : obsession de la minceur, tabagisme (la télé est le premier facteur qui influence un adolescent pour fumer, devant les habitudes tabagiques des parents et de ses pairs). Et surtout, les résultats des études depuis des années montrent très clairement que « la violence et la peur ont des effets sur la mémorisation » : c'est pourquoi la violence, si présente à la télévision, est immédiatement suivie de publicités, afin que celles-ci s'incrustent plus facilement dans les neurones, à notre insu.

Lorsqu'il est objecté au scientifique que les adolescents passent aujourd'hui plus de temps sur Internet, et qu'accuser la télévision est sans doute un combat obsolète, il répond qu'ils ont « tendance à diminuer leur consommation de télévision classique, mais qu'ils augmentent les usages alternatifs (mobile, ordinateur ou tablette) ». Il ajoute que les enfants les plus accros à la télévision le sont aussi à Internet.

Face au déficit de maîtrise de la langue et à l'inculture en général (il incrimine ici le développement des SMS et des messageries instantanées), Michel Desmurget est très affirmatif : certes, ce sont des facteurs aggravants, mais « les études montrent que le niveau a baissé bien avant ». Il invoque alors les courbes du « test SAT », un test de maîtrise du langage que passent les étudiants américains qui veulent s'inscrire à l'université : la massification de l'usage de la télévision au milieu des années 1960 a fait s'effondrer le SAT. Le lien est clair ; et « bien sûr, c'est plus grave aujourd'hui ».

Écrans et hyperactivité : le travail du pédopsychiatre Patrick Landman

Patrick Landman est le fondateur de Stop DSM, association qui dénonce le péril d'une psychiatrie soumise aux neurosciences. Dans son dernier essai : *Tous hyperactifs ? L'incroyable épidémie des troubles de l'attention* (Albin Michel), il met en garde contre les dangers d'une dérive à l'américaine : abus de diagnostics et Ritaline prescrite à la légère. N'évacuant pas le problème des écrans, il affirme se ranger aux propos du professeur François Gonon, pour qui les recommandations médicales n'insistent pas suffisamment sur cette question. « Une étude, dit Patrick Landman, a montré l'impact négatif de l'exposition prolongée aux écrans en tous genres sur l'attention des enfants et adolescents, avec pour conséquence leur inclusion possible dans le diagnostic de TDAH (trouble de l'attention hyperactivité). Aux USA, la question de l'exposition prolongée aux écrans a fait l'objet d'une recherche approfondie, et il en a résulté des recommandations précises de la très sérieuse American Academy of Pediatrics.

Les principales directives sont les suivantes : 1) proscrire la télévision et les jeux vidéo de la chambre de l'enfant ; 2) interdire les écrans aux enfants de moins de deux ans ; 3) toujours être avec l'enfant lorsqu'il regarde la télévision ; 4) limiter le temps total d'exposition aux écrans (tous les écrans confondus) à une ou deux heures par jour.

Ces recommandations me paraissent sages. Si elles pouvaient être appliquées, elles contribueraient à coup sûr à diminuer le nombre d'enfants inclus dans le diagnostic de TDAH. »

La « grammaire structurante » d'Élisabeth Vaillé-Nuyts

Dans son ouvrage *La Grammaire structurante* (Godefroy de Bouillon, 2008), Élisabeth Vaillé-Nuyts utilise la notion traditionnelle de grammaire, en mettant en valeur « son rôle déterminant dans la construction harmonieuse de la personne ». Elle aborde « ces éléments essentiels qui se sont révélés efficaces pour aider enfants, adolescents et adultes en recherche d'identité, d'autonomie et de plaisir de vivre ». À travers cet essai pratique, elle nous montre comment travailler ces éléments par le geste, accompagné par la parole.

La grammaire est une discipline « souvent perçue comme une série de règles à apprendre par cœur et à appliquer pour pouvoir maîtriser l'orthographe ». Or, elle est infiniment plus que cela : « Elle joue en effet un rôle déterminant dans le développement de la pensée, de l'expression des nuances. » Plus encore, elle est l'outil de la « construction harmonieuse de la personne ». C'est pourquoi les Grecs avaient fait d'elle la discipline première, mère de toutes les autres.

C'est ainsi que « le langage exprime la position de celui qui parle par rapport aux autres », affirme Élisabeth Vaillé-Nuyts : « Le langage est notre fenêtre sur le monde. C'est donc par le retour explicatif sur son emploi, par l'analyse du sens et de la fonction des mots, que nous allons pouvoir établir un pont entre ce monde et notre moi conscient, entre ce moi et les autres. »

Parmi « les éléments donnant accès à la conscience de soi et des autres », Élisabeth Vaillé-Nuyts étudie le rôle du verbe et de son sujet. Elle pointe en particulier l'importance de travailler avec l'enfant les pronoms personnels et en priorité le JE, pronom central. Elle dit à l'enfant : « JE, c'est plus que de dire : c'est celui qui parle. JE, c'est toi (ou la personne) quand tu parles de ce que tu fais, as fait ou feras [...]. Quand le JE est conscient, alors le TU est reconnu. [...] Le TU, c'est la personne *à qui je dis* ce qu'elle a fait, fait ou fera. IL ou ELLE c'est la personne ou l'animal ou la chose *dont je dis* ce qu'elle a fait, fait ou fera. ON, c'est l'inconnu ou le groupe que JE perçois comme un tout. NOUS, c'est moi + la ou les personnes dont je parle et dont je dis ce que je fais, ai fait ou ferai avec elle/elles. VOUS, c'est la personne à qui je parle de ce qu'elle a fait, fait ou fera avec d'autres personnes. ILS ou ELLES sont les personnes, les animaux ou les choses dont je parle de ce qu'ils ont fait, fait ou feront. »

Cette prise de conscience est essentielle, car pour nous sentir libres, nous avons besoin de nous sentir consciemment acteurs de nos actes, responsables. Mais aussi de nous sentir au centre de notre propre relation aux autres.

Les travaux et les ouvrages d'Élisabeth Vaillé-Nuyts sont précieux pour les parents dans leur combat contre les troubles dyslexiques de leur enfant, que les tâches purement visuelles qui ont envahi les écoles menacent d'ancrer. Privés de la possibilité de parler ou de se parler, de trop nombreux enfants développent des troubles de l'apprentissage. Dyslexie, dyscalculie, troubles de l'attention, mémoire fugitive, sont autant de difficultés qui pourraient être évitées et corrigées si l'on redonnait sa place centrale au langage. Ses propositions, confortées par des recherches récentes en neuropédagogie, sont convaincantes et encourageantes pour tous les parents désireux d'aider leur enfant à construire une pensée autonome et élaborée.

Contact : Élisabeth Nuyts, 20 rue des Prés, 34 820 Teyran.

Tél : 04 67 10 98 11.

Ghislaine Wettstein-Badour : les neurosciences au service de la pédagogie du langage

Ce sont vingt-cinq ans de recherches et d'exercice médical qui ont permis au Dr Wettstein-Badour de comprendre les mécanismes naturels d'apprentissage de la langue écrite en se basant sur les apports des neurosciences à la pédagogie du langage. Son objectif a été de faciliter le travail du cerveau grâce à l'activation des circuits à l'œuvre dans la lecture, l'écriture et l'orthographe. Et, au-delà de cette mise en route, de permettre le développement des capacités d'accès au savoir et de la pensée conceptuelle. Voici les grandes lignes des enseignements qu'elle tire des neurosciences :

1. Les centres de l'apprentissage du langage oral se situent de façon dominante dans l'hémisphère gauche : c'est le lieu des signes, porteurs de signification sonore et qui symbolisent le langage oral. Le cerveau les traite de manière analytique (b-a ba) ; en aucune façon ces signes ne sont assimilés à des images. Ainsi, l'apprentissage du code alphabétique repose sur un substrat naturel qui convient par conséquent à tous les types de lecteurs. Adressés ensuite à l'hémisphère droit, les signes reçoivent leur signification par des processus analogiques. Quels que soient le niveau de lecture et le type d'écriture (phonogrammique ou idéogrammique), c'est toujours ainsi que procède le cerveau lecteur : les signes visuels de l'écriture sont transformés et codés en signes sonores (phonèmes) correspondants.

2. C'est vers l'âge de 5 ans que peut se prédire la capacité d'apprentissage de la lecture d'un enfant : s'il fait difficilement la différenciation phonologique (des sons), il y a un risque de dyslexie. Celle-ci résulte de facteurs totalement indépendants des conditions de vie socio-économiques.

On constate par ailleurs qu'à la source de dyslexies, il peut y avoir des difficultés de latéralisation et de reconnaissance visuelle des formes (orientation des formes). Un dysfonctionnement de la perception visuelle, c'est-à-dire de la façon dont se font les mouvements oculaires (les saccades) peut aussi y jouer un rôle essentiel, ainsi qu'un temps de traitement décuplé pour parvenir à la différenciation des sons. Ces perturbations, c'est à souligner, sont tout à fait indépendantes des capacités intellectuelles (QI).

3. Ces observations apportent la preuve de la supériorité des résultats obtenus par un mode d'apprentissage explicite du code alphabétique.

Dans tous les cas, l'apprentissage explicite du code est plus efficace en effet que sa découverte par des procédés implicites, comme le proposent les pédagogies de type semi-global (puisqu'on assure que la pédagogie globale n'est plus pratiquée), qui incluent les méthodes mixte, naturelle ou par hypothèse.

4. Au fur et à mesure que s'effectue le traitement phonologique, les résultats de ce travail parviennent au module supérieur du cerveau, qui effectue les opérations destinées à la découverte du sens. Les structures du module supérieur se situent aussi majoritairement dans l'hémisphère dominant (donc gauche dans l'immense majorité des cas), et elles reposent aussi, comme celles du module phonologique, sur un mode de travail analytique. L'accès au sens se fait d'autant mieux que le décodage phonologique s'effectue de manière fluide. Une lecture trop lente ne favorise pas la compréhension.

5. Le cerveau élabore et stocke dans sa mémoire un répertoire des mots de la langue orale et de leur signification qui s'enrichit très rapidement pendant les premières années de la vie. Le stockage des mots du langage oral se fait par catégories lexicales. Pour être efficace, l'apprentissage de l'écrit doit s'accompagner d'un travail permanent centré sur l'enrichissement du vocabulaire. Les preuves

concrètes de l'effet enrichissant du vocabulaire sur la qualité de la lecture sont nombreuses.

De même, la compréhension du sens nécessite un minimum de connaissances concernant la structure syntaxique de la langue et la fonction des mots qui composent la phrase. Ces savoirs se mettent en place de manière implicite au fur et à mesure de l'apprentissage de la langue orale. Les mots, mis en mémoire par catégories grammaticales, s'organisent autour du verbe, enrichissant l'expression au fur et à mesure des acquisitions.

Ainsi : plus sont mis en mémoire les liens qui unissent les formes et les sons, de façon exacte, rapidement utilisables, plus est facilité le travail du module supérieur de la compréhension du sens lu.

6. Quant à l'hémisphère droit, son rôle est secondaire dans la construction du sens, mais il participe finement à l'intégration des éléments lus à leur contexte lexical, grammatical et sémantique. Il permet la perception des nuances, du rythme de la phrase et enrichit la compréhension par la prise en compte du contexte esthétique et affectif du texte. En revanche, on a montré que les dyslexiques présentent une suractivité de cet hémisphère, qui va de pair avec une moindre activité des zones de l'hémisphère gauche dévolues au traitement analytique. La rééducation orthophonique réduit cette participation anormale de l'hémisphère droit au profit de l'hémisphère gauche. Et, pour éviter d'imposer à l'hémisphère droit des dyslexiques, déjà surchargé, un double travail de décodage, il convient de ne pas lui proposer trop d'illustrations dont le traitement est pris en charge lui aussi par l'hémisphère droit. Un texte sans illustration semble certes austère, mais il garantit un décodage plus efficace, moins parasité par le travail associatif de l'hémisphère droit.

7. Ghislaine Wettstein-Badour ne manque pas, cependant, d'en appeler, en cas de difficultés dans l'apprentissage de la lecture, à des pratiques qui ont fait leurs preuves : l'utilisation de lettres tracées sur des supports rugueux (rôle du toucher), la manipulation de lettres mobiles, et l'utilisation du geste, tracé dans l'espace ou sur un support. « L'expérience montre, dit-elle, que le fait d'adjoindre systématiquement exercices phonologiques et sensori-moteurs accélère l'apprentissage de la lecture et de l'écriture chez tous les enfants, y compris chez les dyslexiques. »

En 2000, devant l'ampleur des dégâts, de plus en plus nombreux et graves, qu'elle constate chez ses jeunes patients, elle publie sa *Lettre aux parents des futurs illettrés*, qui dénonce les pédagogies qui ont cours dans le système scolaire. Elle y donne des informations et des conseils pour aider les parents dans « ce parcours du combattant » que subissent injustement les enfants en difficulté.

Des pédagogies de réussite existent, clamait-elle. Encore faudrait-il qu'elles soient partagées, et donc enfin reconnues comme telles par les pouvoirs publics (la réforme Lang/Ferry de 2002, le livret de Luc Ferry « Lire au CP : repérer les difficultés pour mieux agir, le grand débat sur l'école », la loi d'orientation Fillon en 2005), ce qui n'est pas le cas.

Ghislaine Wettstein-Badour a disparu en 2010, mais son combat continue, sur Internet (http://www.sauv.net/wettstein4.php), et grâce à ses proches, qui plus que jamais appellent au rassemblement médecins, chercheurs, enseignants, parents, autorités publiques.

Contact : fransya@libertysurf.fr

PETITE BIBLIOGRAPHIE SÉLECTIVE

Une époque en mal de mots

BENTOLILA Alain, *De l'illettrisme en général et de l'école en particulier*, Plon, 1996. Une présentation légitimement alarmée des « maladies du langage ».

La dyslexie n'est pas une fatalité

DR DELAHAIE Marc, *L'Évolution du langage chez l'enfant : de la difficulté au trouble*. Disponible en format pdf sur le site www.inpes.santé ou sur demande à l'INPES, 42 bd de la Libération, 93203 Saint-Denis, Cedex.

DUMONT Annie, *La Dyslexie*, Solar, 2003. Annie Dumont est orthophoniste et tient à donner des réponses très claires pour informer, dédramatiser le trouble et aider les familles à bien s'orienter et à agir au mieux.

Voir aussi les annexes consacrées aux travaux d'Élisabeth Vaillé-Nuyts et de Ghislaine Wettstein-Badour.

Pour développer le goût des mots

Voici quelques textes qui peuvent servir de modèles à ceux qui souhaitent accompagner les enfants dans la découverte et le désir des mots, les amener à faire des mots des compagnons de vie.

CHARMEUX Évelyne, *Le Bon Français et les autres*, Milan, 1991. Voir aussi les sites : http://www.charmeux.fr et http://www.charmeux.fr/blog/index.php?2012/06/23/205-en-francais-je-suis-nul-moi-c-est-en-maths-que-je-suis-bon. Cette chercheuse en pédagogie montre que l'éducation à la langue ne peut se faire qu'en situation de communication, où l'existence de l'enfant est directement impliquée.

GAGNIÈRE Claude, *Pour tout l'or des mots. Au bonheur des mots, des mots et merveilles*, Robert Laffont, 1998. Pour jouer et se réjouir avec le sens des mots et leur usage aux mille facettes.

HÉRITIER Françoise, *Le Goût des mots*, Odile Jacob, 2013. C'est à la découverte de nos sensations et de nos émotions que nous convie le goût des mots.

JULIET Charles, *Ces mots qui nourrissent et qui apaisent. Phrases et textes relevés au cours de mes lectures*, POL, 2008. Un auteur d'une immense sensibilité.

REY Alain, *Le Réveille-mots*, Seuil, 1996.

—, *L'Esprit des mots*, PURH, 2009.

—, *Trop fort, les mots !*, illustré par Zelda Zonk, Milan, 2012.

—, *Des pensées et des mots*, Hermann, coll. « Vertige de la langue », 2013.

VOLKOVITCH Michel, *Verbier : herbier verbal à l'usage des écrivants et des lisants*, Maurice Nadeau, 2000. Un travail que l'on sent animé de sincérité, de passion et de la volonté de transmettre.

Se relier à la langue française

BENTOLILA Alain, *La Langue française pour les nuls*, First, 2012.

REY Alain, *Mille Ans de langue française. Histoire d'une passion* (avec Frédéric Duval et Gilles Siouffi), Perrin, 2007.

—, *Le Voyage des mots. De l'Orient arabe et persan vers la langue française*, calligraphies de Lassaâd Metoui, Guy Trédaniel, 2013.

WALTER Henriette, *Le Français dans tous les sens*, Le Livre de Poche, 1996. Un grand voyage au cœur de la langue française par une linguiste incontournable : ses diverses origines, son histoire, l'évolution du sens de nombreux mots, leur orthographe, la structure de sa syntaxe, son esprit et les types d'énoncés qu'elle sert le mieux.

Au nom de la grammaire

BENTOLILA Alain, *La Grammaire entre contrainte et liberté*, Nathan, 2013.

Du même auteur (ou sous sa direction), on consultera également avec profit de nombreux ouvrages didactiques qui peuvent servir de supports, réanimer des savoirs, comme *Le Nathan école : grammaire, orthographe, vocabulaire, conjugaison (8-11 ans)*, Nathan, 2013, ou son équivalent pour le collège.

BERGOUNIOUX Pierre, *Aimer la grammaire*, Nathan, 2002. L'auteur nous guide pour nous faire accéder facilement à l'usage de la grammaire et considérer ses liens avec la vie.

DUNETON Claude (en collaboration avec Frédéric Pagès), *À hurler le soir au fond des collèges : l'enseignement de la langue française*, Seuil, 1985.

— (en collaboration avec Jean-Pierre Pagliano), *Anti-manuel de français à l'usage des classes du second degré et de quelques autres*, Seuil, 1978.

ORSENNA Éric, *La grammaire est une chanson douce*, Stock, 2001 ; Le Livre de poche, 2011.

—, *Les Chevaliers du subjonctif*, Stock, 2004 ; Le Livre de poche, 2006.

—, *La Fabrique des mots*, Stock, 2013 ; Le Livre de poche, 2014. Suite et fin de la saga d'un grand défenseur de la grammaire.

RAMBAUD Patrick, *La Grammaire en s'amusant*, Grasset, 2007. Un livre qui veut rendre la maîtrise de la grammaire parfaitement accessible en huit leçons. Pour donner un avant-goût, la première d'entre elles est intitulée avec humour : « Pourquoi la grammaire nous éloigne du chimpanzé ».

Pour lutter, par les mots, contre le recours à la violence et promouvoir l'utilité de l'inutile

BENTOLILA Alain, *Le Verbe contre la barbarie*, Odile Jacob, 2007, prix Essai France Télévisions. Une démonstration percutante de la force de l'arme de l'esprit contre les manipulations et le recours à la violence.

HENRY Catherine, *De Marivaux et du Loft : petites leçons de littérature au lycée*, POL, 2003. Une expérience en milieu « difficile » racontée par une enseignante passionnée, qui témoigne de cette double réalité : le rôle fondamental d'une transmission pertinente et la présence en chacun de nous du désir de sens et de beauté, en attente d'éveil.

SAVATER Fernando, *Éthique à l'usage de mon fils*, Seuil, « Points Essais », 2013. Philosophe, soucieux d'éducation et de pédagogie, Fernando Savater a le talent de rendre accessible aux jeunes la réflexion sur leur monde. Ses ouvrages permettent aux parents de s'approprier un discours pertinent et efficace pour communiquer avec leurs enfants et adolescents.

STEINER George, *Une certaine idée de l'Europe*, Actes Sud, 2005. George Steiner est le haut défenseur d'une civilisation qui, bien que n'ayant pas évité la barbarie, a construit une idée de « la dignité de l'*Homo sapiens* » : « C'est [...] la découverte de la sagesse, la quête d'un savoir désintéressé, la création de beauté. Gagner de l'argent et inonder nos vies de biens matériels de plus en plus dénués d'intérêt est une passion profondément vulgaire, dévastatrice. »

Apologie du livre et de l'écriture

BON François, *Tous les mots sont adultes. Méthode pour l'atelier d'écriture*, Fayard, 2005. Écrivain, François Bon s'est spécialisé dans les ateliers d'écriture destinés à un public exclu de l'écriture. On trouve dans cet ouvrage de bons conseils, avec en filigrane l'idée que l'acte d'écrire relie à soi.

BONNAFÉ Marie, *Les livres, c'est bon pour les bébés*, Calmann-Lévy, 2001 ; Hachette, « Pluriel », 2011. Marie Bonnafé est psychiatre psychanalyste, et responsable de l'association Actions culturelles, qui lutte contre les exclusions et les stratégies d'évitement (stratégies mises en place inconsciemment par l'enfant pour refuser l'apprentissage et ne pas grandir). Elle montre dans cet ouvrage que les livres sont indispensables aux bébés : c'est par le jeu imaginaire qu'il accède au langage et à la pensée. Elle défend le plaisir gratuit de l'apprentissage de la lecture (« la lecture pour rien »), et y voit le meilleur accès à l'écriture. Voir la note de lecture consacrée à cet ouvrage sur : http://www.lecture.org/revues_livres/actes_lectures/AL/AL45/AL45LU3.pdf

BOIMARE Serge, *L'Enfant et la peur d'apprendre*, Dunod, 2004. Psychopédagogue, rééducateur, psychologue clinicien et ancien directeur du Centre médico-psychopédagogique Claude Bernard (Paris V), Serge Boimare montre ici comment il a sauvé des élèves perdus en leur lisant des contes de Grimm.

DETAMBEL Régine, *Les livres prennent soin de nous. Pour une bibliothérapie créative*, Actes Sud, 2015.

PENNAC Daniel, *Comme un roman*, Seuil, 1992. Un livre devenu « classique », qui témoigne de la sensibilité des jeunes adolescents à la narration. Une belle occasion de méditer sur les conditions favorables à la transmission.

PROUST Marcel, *Sur la lecture*, Librio, 2013. Ce texte constitue un admirable éloge de la lecture et, par la description de ce qui se passe chez le lecteur, il révèle combien lire est à la fois révélateur de ce que nous sommes et constitutif de ce que nous devenons, dans une création permanente. Une somme d'expressions et d'images particulièrement suggestives, comme celle-ci : « Il semble […] que le goût des livres croisse avec l'intelligence, un peu au-dessous d'elle, mais sur la même tige […]. »

SARTRE, Jean-Paul, *Les Mots*, Gallimard, 1964. Un récit autobiographique, qui raconte notamment comment se créent les liens entre l'enfant et les mots.

On consultera enfin un site plein de ressources, celui de l'Association française pour la lecture : www.lecture.org. Voir notamment l'onglet Association et Formation/Espace Famille, qui recense des ouvrages consacrés aux différentes dimensions de la question de l'écrit, notamment la brochure : « Le goût de lire est sur toutes les lèvres ».

REMERCIEMENTS

Nous remercions très affectueusement le docteur François Thioly, infatigable questionneur de l'esprit, qui fut tout au long de l'écriture de ce livre un interlocuteur exigeant et passionné.

TABLE DES « MODES D'EMPLOI »

Mise en page par Meta-systems
59100 Roubaix

Cet ouvrage a été achevé d'imprimer en août 2015
dans les ateliers de Normandie Roto Impression s.a.s.
61250 Lonrai
N° d'édition : L.01EHBN000652.N001
N° d'impression : 1502847
Dépôt légal : août 2015

Imprimé en France